Shraddha N. Zanjat
Vishwajit K. Barbudhe
Bhavana S. Karmore

Introdução à cadeia de blocos

Shraddha N. Zanjat
Vishwajit K. Barbudhe
Bhavana S. Karmore

Introdução à cadeia de blocos

ScienciaScripts

Imprint
Any brand names and product names mentioned in this book are subject to trademark, brand or patent protection and are trademarks or registered trademarks of their respective holders. The use of brand names, product names, common names, trade names, product descriptions etc. even without a particular marking in this work is in no way to be construed to mean that such names may be regarded as unrestricted in respect of trademark and brand protection legislation and could thus be used by anyone.

Cover image: www.ingimage.com

This book is a translation from the original published under ISBN 978-620-7-47221-5.

Publisher:
Sciencia Scripts
is a trademark of
Dodo Books Indian Ocean Ltd. and OmniScriptum S.R.L publishing group

120 High Road, East Finchley, London, N2 9ED, United Kingdom
Str. Armeneasca 28/1, office 1, Chisinau MD-2012, Republic of Moldova, Europe
Managing Directors: Ieva Konstantinova, Victoria Ursu
info@omniscriptum.com

Printed at: see last page
ISBN: 978-620-8-37788-5

Conteúdo

Livro de referência

1. Nakamoto, S. (2008) - "Bitcoin: A Peer-to-Peer Electronic Cash System".
2. Tapscott, D., & Tapscott, A. (2016) - "Blockchain Revolution: Como a tecnologia por trás do Bitcoin e de outras criptomoedas está mudando o mundo".
3. Antonopoulos, A. M. (2014) - "Mastering Bitcoin: Unlocking Digital Cryptocurrencies."
4. Narayanan, A., Bonneau, J., Felten, E., Miller, A., & Goldfeder, S. (2016) - "Bitcoin and Cryptocurrency Technologies: A Comprehensive Introduction".
5. Swan, M. (2015) - "Blockchain: Blueprint for a New Economy".
6. Casey, M. J., & Vigna, P. (2018) - "The Truth Machine: O Blockchain e o Futuro de Tudo".

CAPÍTULO I

I INTRODUÇÃO À CADEIA DE BLOCOS

Unidade 1 Introdução à cadeia de blocos .

Noções básicas de cadeia de blocos - Registos públicos - Cadeia de blocos como registos públicos - Tipos de cadeias de blocos - Pilares da cadeia de blocos - Iniciativas governamentais de cadeia de blocos - Bitcoin - Contratos inteligentes.

1.1 Noções básicas de Blockchain

"Uma cadeia de blocos é uma lista em crescimento contínuo de registos, chamados blocos, que estão ligados e protegidos por criptografia. O conceito foi introduzido por **Satoshi Nakamoto em 2009**

Bloco

1.Data : "olá a todos"
2.Prev Hash:23432FRT123
3.Hash :123FFRE342

Bloco de Génesis

Cadeia de blocos

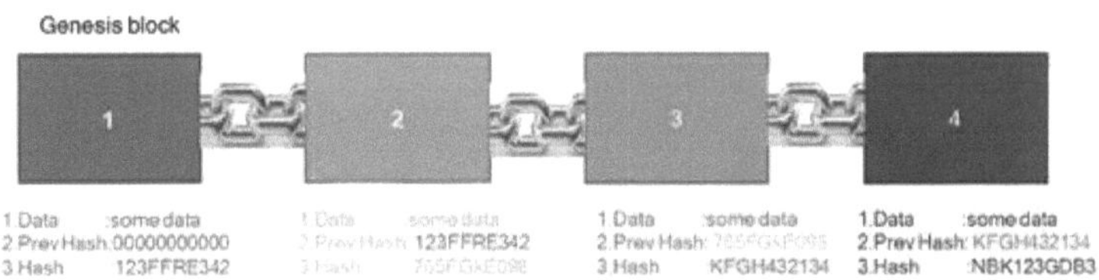

Figura 1.1: Todos os blocos estão ligados criptograficamente entre si

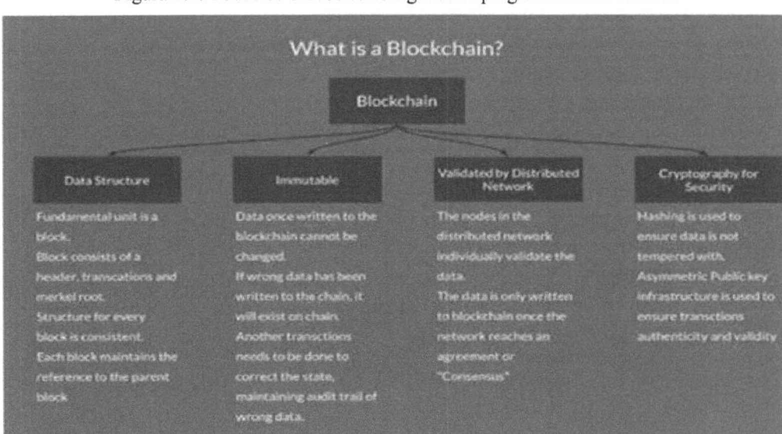

Figura 1.2 Caraterísticas da cadeia de blocos

Cadeia de blocos

> A cadeia de blocos é simplesmente uma estrutura de dados em que cada bloco está ligado a outro bloco numa ordem cronológica com carimbo de tempo

> É um livro-razão digital distribuído que contém um registo público imutável de transacções digitais.

> Cada novo registo é validado através da rede distribuída antes de ser armazenado num bloco.

> Todas as informações, uma vez armazenadas no livro-razão, são verificáveis e auditáveis, mas não editáveis.

> Cada bloco é identificado pela sua assinatura criptográfica.

> O primeiro bloco da cadeia de blocos é conhecido como bloco Génesis "Para aceder aos dados do primeiro bloco criado, é necessário passar do último bloco criado para o primeiro bloco"

Como é que a negociação acontece com o sistema atual

Figura 1.3 Transacções tradicionais

Ledger

Um livro-razão é um livro de registo que armazena todas as transacções de uma organização.

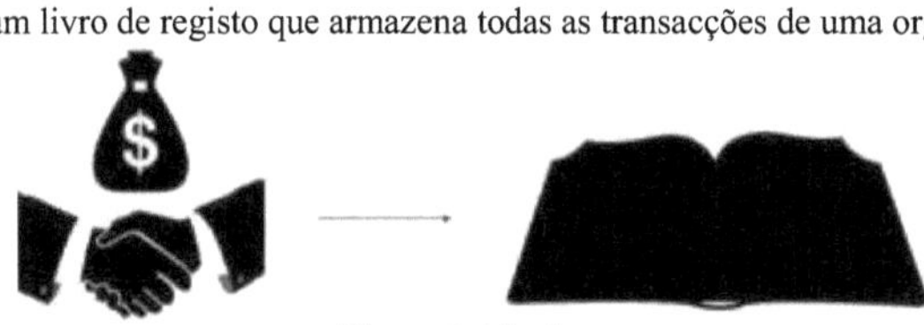

Figura 1.4 Ledger

Problemas do sistema atual

> Os bancos e outros terceiros cobram comissões pela transferência de dinheiro

> Os custos de mediação aumentam os custos de transação

> O tamanho mínimo prático da transação é limitado;

> As trocas financeiras são lentas. Os serviços de cheques e de transferência bancária de baixo custo demoram dias a ser concluídos

> O sistema é opaco e carece de transparência e equidade

> Além disso, a autoridade central que exerce o controlo pode abusar do seu poder e criar moeda de acordo com a sua própria vontade

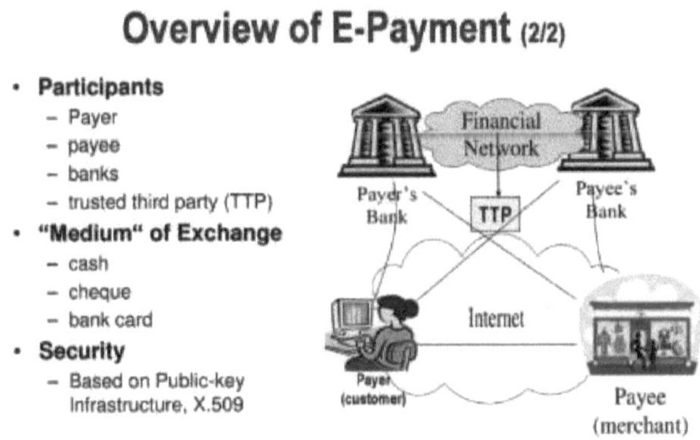

Figura 1.5 Pagamentos tradicionais

Precisamos de um sistema que:

> Elimina a necessidade de intermediários ou terceiros, tornando assim os custos de transação nulos ou negligenciáveis.

> Aumentam a velocidade de execução das transacções e podem facilitar a reconciliação instantânea.

> É transparente e inviolável, de modo a evitar manipulações ou utilizações incorrectas.

> A criação de moeda não está sob o controlo de nenhuma autoridade central.

> É regulado para manter o valor da moeda.

Tentativa de sistema distribuído para resolver o problema

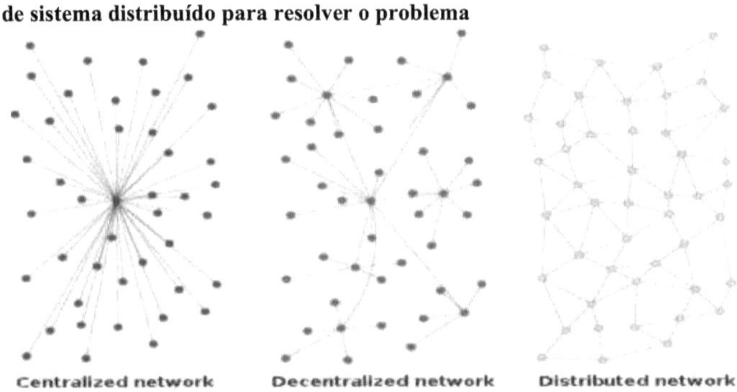

Figura 1.6 Diferentes redes de sistemas

O sistema distribuído permite que uma rede de computadores mantenha uma contabilidade colectiva através da Internet, que é aberta e não está sob o controlo de uma parte.

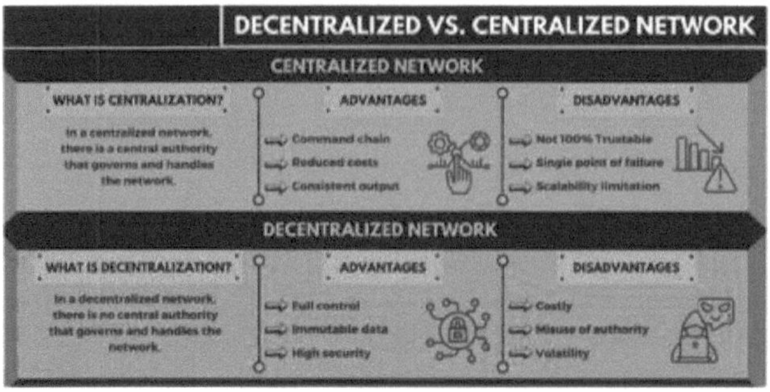

Figura 1.7 Centralizado Vs Descentralizado

- A maior parte das aplicações da Internet que utilizamos diariamente são centralizadas, pertencem a uma determinada empresa ou pessoa que fornece e mantém o código-fonte para execução num computador, servidor ou mesmo num cluster.

Aplicações descentralizadas

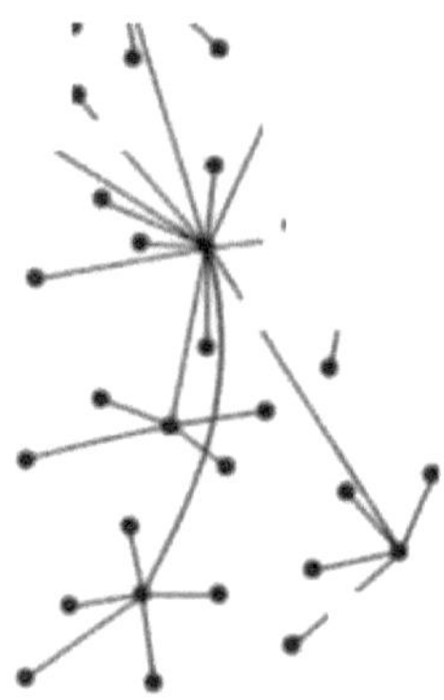

DESCENTRALIZADO

Figura 1.8 Rede descentralizada

- Descentralizado significa que nenhum nó está a dar instruções a outro nó sobre o que fazer.
- O código é executado numa rede de nós peer-to-peer e nenhum nó individual tem controlo sobre a dApp.
- Dependendo da funcionalidade da dApp, podem ser utilizadas diferentes estruturas de dados para armazenar os dados da aplicação.
- A Bitcoin utiliza um livro-razão descentralizado de transacções.

Aplicações distribuídas

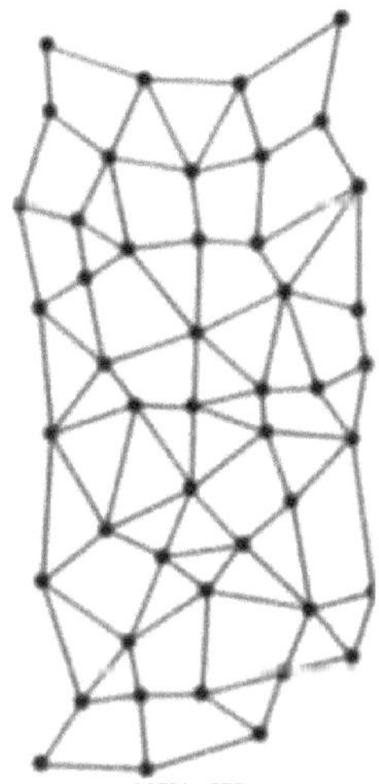

Figura 1.9 Aplicações distribuídas

- As aplicações em que a computação é distribuída por componentes, comunicam e coordenam as suas acções através da passagem de mensagens. Os componentes interagem entre si para atingir um objetivo comum.
- Alguns exemplos de aplicações distribuídas são:
- CDN
- AWS
- Instâncias de nuvem
- Google, Facebook, Netflix, etc.

Sistema distribuído

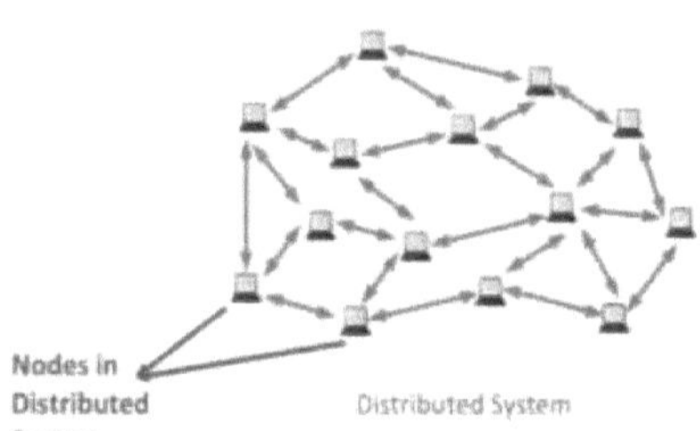

Figura 1.10 Sistema distribuído

- Um sistema em que dois ou mais nós trabalham uns com os outros de forma coordenada, a fim de alcançar um resultado comum
- É modelado de tal forma que os utilizadores finais o vêem como uma plataforma lógica única.

O que é um nó?

- Um nó pode ser definido como uma unidade de processamento individual num sistema distribuído
- Todos os nós são capazes de enviar e receber mensagens de e para os outros.

Introdução - Blockchain

A tecnologia Blockchain é uma **tecnologia de registo distribuído** originalmente proposta para a criptomoeda **Bitcoin.**

CARACTERÍSTICAS

- Armazenamento de dados imutável e à prova de adulteração
- Cadeia sequencial com hashing criptográfico
- Transacções sem confiança baseadas no consenso
- Rede descentralizada peer-to-peer
- Livro-razão partilhado distribuído

O que é a cadeia de blocos?

Uma cadeia de blocos é um livro-razão público descentralizado e distribuído onde todas as transacções são verificadas e registadas.

Blockchain é um sistema composto por...

Transacções

Livros de registo imutáveis

Pares descentralizados

Processos de encriptação

Mecanismos de consenso

Contratos inteligentes opcionais

Transacções

Tal como acontece atualmente com as transacções empresariais, a cadeia de blocos é um arquivo histórico das decisões e acções tomadas

Prova da história, fornece a proveniência

Casos de utilização de transacções notáveis

Registo predial - Substituição dos requisitos para a investigação de escrituras (Registo Predial da Suécia)

Identificação pessoal - Substituição de certidões de nascimento/óbito, cartas de condução, cartões de segurança social (Estónia)

Transporte - Conhecimentos de embarque, rastreamento, certificados de origem, formulários internacionais (Maersk/IBM)

Banca - Armazenamento de documentos, aumento da eficiência dos serviços administrativos (UBS, Sberbank da Rússia)

Fabrico - Documentação do princípio ao fim para qualquer montagem ou sub-montagem

Distribuição de alimentos - Fornecimento de localização, lote, data de colheita Os supermercados podem identificar alimentos problemáticos (Walmart)

Auditorias - Devido à natureza descentralizada e imutável do Blockchain, as auditorias irão mudar fundamentalmente

Imutável

Tal como as bases de dados existentes, a cadeia de blocos retém os dados através de transacções.

A diferença é que, uma vez escritos na cadeia, os blocos podem ser alterados, mas é extremamente difícil fazê-lo. Requerendo retrabalho em todos os blocos subsequentes e consenso de cada um.

A transação é imutável ou indelével

Em termos de DBA, as cadeias de blocos são apenas de escrita e de leitura

Tal como num livro de contabilidade escrito a tinta, um erro seria resolvido com outro registo.

Pares descentralizados

Em vez de uma rede centralizada do tipo "Hub and Spoke", a Blockchain é uma rede descentralizada ponto a ponto. Onde cada NÓ tem uma cópia do livro-razão.

Rede legada Rede Blockchain Rede DB centralizada Ledgers distribuídos

Figura 1.11 Rede antiga versus rede de cadeia de blocos

Encriptação

Práticas de encriptação normalizadas.

Algumas cadeias de blocos permitem "BYOE" (Bring Your Own Encryption)

Todos os blocos são encriptados

Algumas cadeias de blocos são públicas, outras são privadas

As cadeias de blocos públicas continuam a ser encriptadas, mas podem ser vistas pelo público, por exemplo

https://www.blocktrail.com/BTC

As cadeias de blocos privadas utilizam direitos de utilizador para obter visibilidade, por exemplo

Cliente - Escreve e visualiza todos os dados

Auditores - Ver todas as transacções

Fornecedor A - Escreve e visualiza os dados do parceiro A Fornecedor B - Escreve e visualiza os dados do parceiro B **Consenso**

Garante que o bloco seguinte de uma cadeia de blocos é a única versão da verdade.

Impede que adversários poderosos façam descarrilar o sistema e bifurquem com êxito a cadeia O algoritmo de consenso é um processo em ciências informáticas utilizado para chegar a acordo sobre algumas informações entre os sistemas distribuídos.

O algoritmo de consenso foi concebido para a tecnologia de cadeia de blocos para alcançar a fiabilidade numa rede de cadeia de blocos com vários nós.

Consensus Mechanism
Proof of Work
Proof of State
Proof of Elapsed Time
Proof of Activity
Proof of Burn
Proof of Capacity
Proof of Importance
And others....

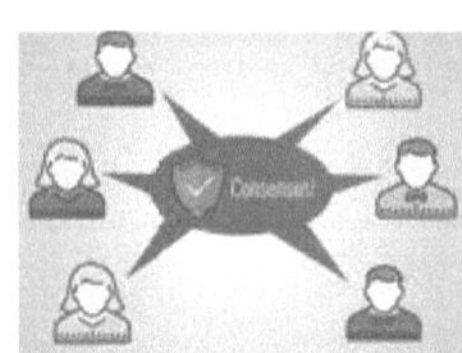

Figura 1.12 Mecanismo de consenso

Contratos inteligentes

Código informático

Fornece uma camada de lógica comercial antes da apresentação do bloco.

Quadro 1.1 Exemplos de redes de cadeias de blocos

Cadeia de blocos	Contratos inteligentes?	Língua	
Bitcoin	Não		
Ethereum	Sim	Solidez	
Hyperledger	Sim	Diversos	GoLang, C++, etc., depende

Outros	Depende	Depende	

Como funciona a cadeia de blocos?

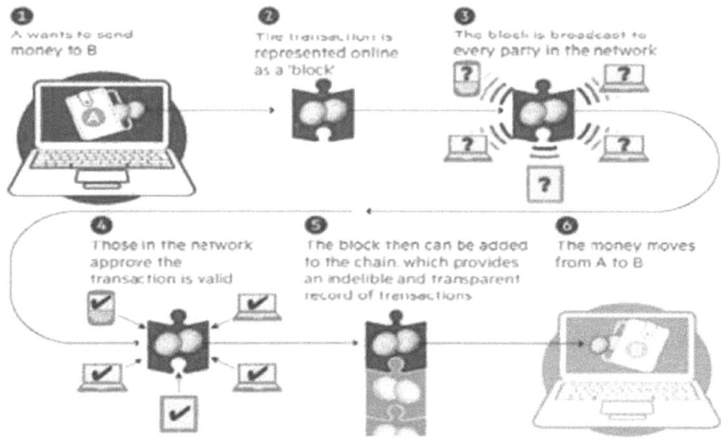

Figura 1.13 Modelo de funcionamento da cadeia de blocos

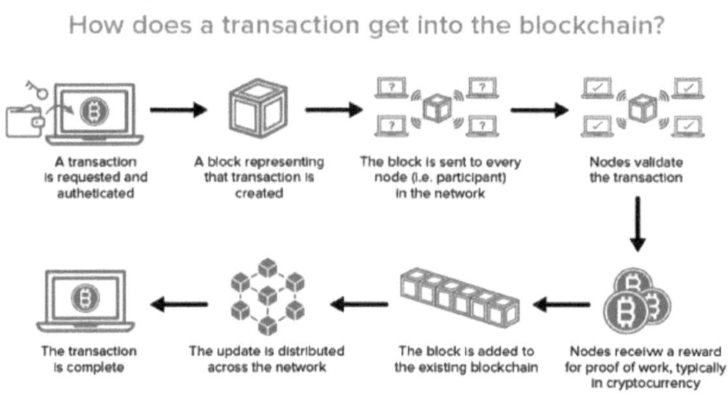

Figura 1.14 Diagrama de fluxo da cadeia de blocos

Elementos da cadeia de blocos

- O blockchain tem cinco elementos: Distribuição, encriptação, imutabilidade, tokenização e descentralização.

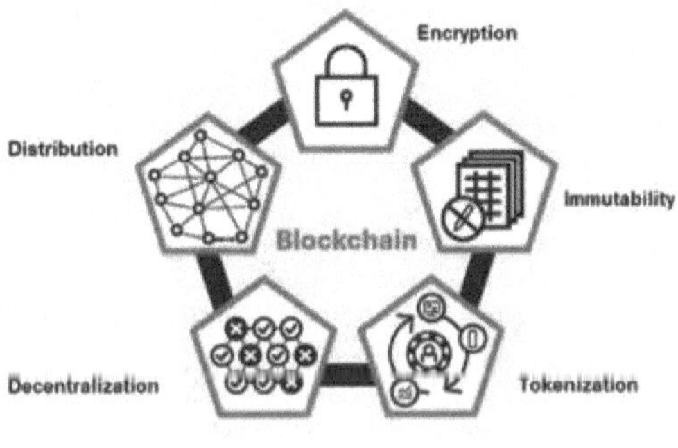

Figura 1.15 Caraterísticas da cadeia de blocos

- **Distribuição:** Os participantes na cadeia de blocos estão localizados fisicamente afastados uns dos outros e cada nó copia um livro-razão que é atualizado com novas transacções à medida que estas ocorrem.
- **Encriptação:** A Blockchain utiliza tecnologias como chaves públicas e privadas para registar os dados nos blocos de forma segura.
- **Imutabilidade:** As transacções concluídas são assinadas criptograficamente, marcadas com data e hora e adicionadas sequencialmente ao livro-razão.
- **Tokenização:** As transacções e outras interações numa cadeia de blocos envolvem a troca segura de valor.
- **Descentralização:** Tanto a informação da rede como as regras de funcionamento da rede são mantidas pelos nós devido ao mecanismo de consenso.

Benefícios das cadeias de blocos

Benefícios das cadeias de blocos em relação às finanças tradicionais

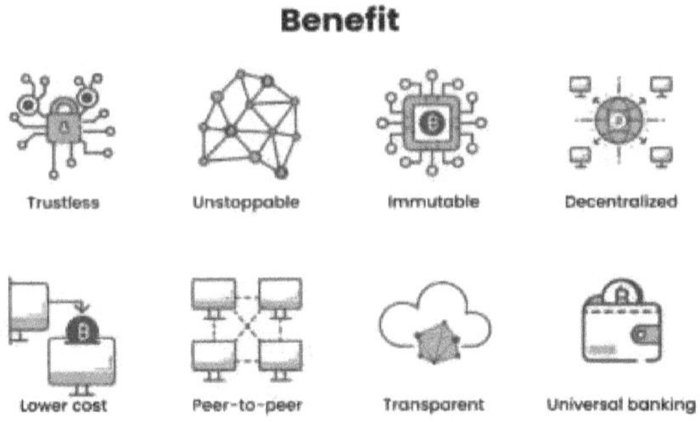

Figura 1.16 Benefícios da cadeia de blocos

Sem confiança: A cadeia de blocos é imutável e automatiza transacções de confiança entre

contrapartes que não precisam de se conhecer. As transacções só são executadas quando as condições programadas são cumpridas por ambas as partes.
Imparável: Uma vez cumpridas as condições programadas num protocolo de cadeia de blocos, uma transação iniciada não pode ser desfeita, alterada ou interrompida. Ela vai ser executada e nada - nenhum banco, governo ou terceiro - pode impedi-la.
Imutável: Os registos numa cadeia de blocos não podem ser alterados ou adulterados.
Um novo bloco de transacções só é adicionado depois de um problema matemático complexo ser resolvido e verificado por um mecanismo de consenso. Cada novo bloco tem uma chave criptográfica única resultante da adição da informação e da chave do bloco anterior numa fórmula.
Descentralizada: Nenhuma entidade única mantém a rede. Ao contrário dos bancos centralizados, as decisões no blockchain são tomadas por consenso. A descentralização é essencial porque garante que as pessoas possam acessar e construir facilmente na plataforma.
Custo mais baixo: No sistema financeiro tradicional, paga-se a terceiros, como os bancos, para processar as transacções. A cadeia de blocos elimina estes intermediários e reduz as taxas, sendo que alguns sistemas devolvem as taxas aos mineiros e aos stakers.
Peer-to-Peer: As criptomoedas, como a Bitcoin, permitem enviar dinheiro diretamente a qualquer pessoa, em qualquer parte do mundo, sem um intermediário, como um banco, que cobra taxas de transação ou de manuseamento.
Transparente: As cadeias de blocos públicas são software de código aberto, pelo que qualquer pessoa pode aceder a elas para ver as transacções e o seu código-fonte. Podem mesmo utilizar o código para criar novas aplicações e sugerir melhorias ao código. As sugestões são aceites ou rejeitadas por consenso.
Banca universal: qualquer pessoa pode aceder à cadeia de blocos para armazenar dinheiro, sendo uma excelente forma de proteção contra roubos que podem ocorrer devido à detenção de dinheiro em locais físicos.

Casos de utilização

- O Dubai conseguiu integrar a tecnologia blockchain em oito sectores industriais

- Imobiliário
- Turismo
- Segurança
- Transporte
- Finanças
- Saúde
- Formação académica.
- O resultado final é tornar-se a primeira cidade de blockchain do mundo.

Criptomoeda

- A criptomoeda é uma forma de moeda que existe apenas em formato digital.
- A criptomoeda pode ser usada para pagar compras online sem passar por um intermediário, como um banco, ou pode ser mantida como um investimento.
- Exemplo: Bitcoin, Etherium, etc.

Como é que se compra criptomoedas?

- Pode comprar criptomoedas através de bolsas de criptomoedas, como a Coinbase, a Kraken ou a Gemini. Além disso, algumas corretoras, como a WeBull e a Robinhood, também permitem que os consumidores comprem criptomoedas.

Exemplos de criptomoedas

- Bitcoin - 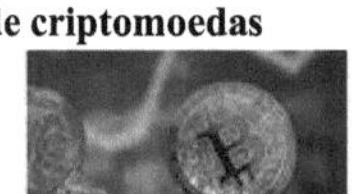 1 bitcoin = $33,250

- Etherium valor por token de US $ 1.218,59.
- Litecoin (LTC)  valor por token de $153,88
- Cardano (ADA)  um ADA é negociado por US $ 0,31.
- Polkadot (DOT)  um DOT é transaccionado por $12,54.
- Bitcoin Cash (BCH)  valor por token de $513,45.
- Stellar (XLM) 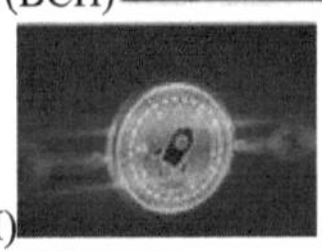 avaliado em US $ 0,27 em janeiro de 2021.
- Chainlink one LINK está avaliado em 21,53 dólares.
- Binance Cion (BNB)  um BNB com um valor de $44.26
- Tether (USDT)  um valor por token de $1.
- Monero (XMR)  um valor por token de $158,37.

Figura 1.17 Exemplo de criptomoedas

Evolução da cadeia de blocos

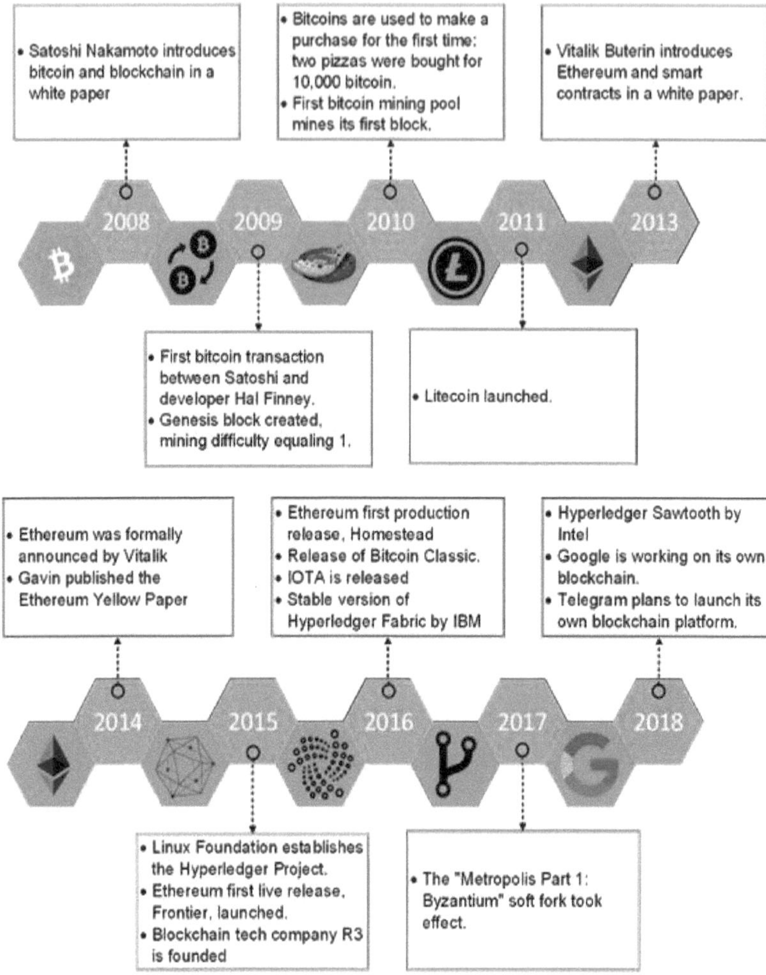

Figura 1.18 Evolução da cadeia de blocos

1.2 Ledger público
Ledger partilhado

Figura 1.19 Ledger

- Regista todas as transacções na rede empresarial

- Partilhado entre os participantes
- Os participantes têm a sua própria cópia através da replicação
- Com permissão, para que os participantes vejam apenas as transacções adequadas
- É o sistema partilhado de registo.

As propriedades da tecnologia de registo distribuído (DLT)

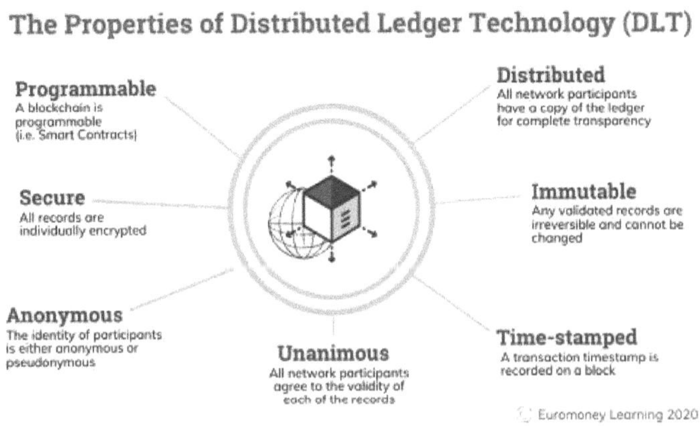

Figura 1.20 Caraterísticas do Distributed Ledger

1.2 A cadeia de blocos como livro-razão público

Como funcionam os Ledgers Distribuídos

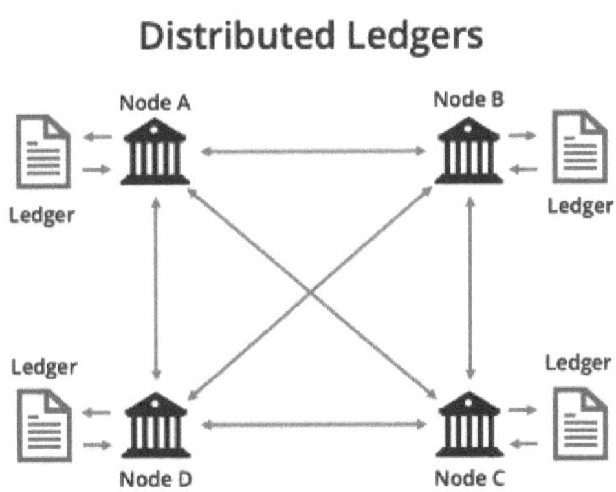

Figura 1.21 ilustração de um livro-razão distribuído

- Os registos distribuídos são mantidos, reorganizados e controlados por indivíduos chamados nós.
- A base de dados é construída de forma independente por cada nó.
- Todas as transacções que ocorrem na rede são processadas e cada nó cria uma conclusão sobre o desenvolvimento da base de dados.
- Com base na transação, é realizada uma votação sobre as alterações efectuadas na base de dados. Todos os nós participam na votação e, se pelo menos 51% deles estiverem de acordo, a nova transação é aceite na base de dados.
- Posteriormente, os nós actualizam as versões da base de dados para que todos os dispositivos ou nós tenham a mesma versão.
- A nova transação é escrita num bloco da cadeia de blocos.
- Os nós da cadeia de blocos de prova de trabalho são também designados por mineiros.

- Quando um mineiro coloca com sucesso uma nova transação num bloco, recebe uma recompensa.
- Requer uma alimentação informática dedicada 24*7.
- É da responsabilidade dos mineiros calcular o hash criptográfico para novos blocos.
- Quem, de entre os mineiros, conseguir encontrar primeiro o hash, recebe a recompensa.
- Os mineiros que dedicam mais poder computacional para encontrar o hash terão mais sucesso.
- No entanto, à medida que os blocos vão sendo gerados, torna-se mais difícil encontrar escalas de hash subsequentes.
- O objetivo é manter uma velocidade constante de geração dos blocos.

Benefícios dos Ledgers Distribuídos

- Altamente transparente, seguro, à prova de adulteração e imutável. Depois de os registos serem escritos em livros-razão distribuídos, não podem ser alterados por qualquer outra parte.
- A necessidade de um terceiro é eliminada
- Inerentemente descentralizado
- Altamente transparente

Vantagens dos Ledgers Distribuídos

- É seguro porque não há intervenção de terceiros.
- Uma vez registada, é imutável e não pode ser alterada.
- Os dados são distribuídos de forma a serem invioláveis.

Desvantagens do Distributed ledger:

- O livro-razão distribuído é difundido juntamente com os nós, o que o torna vulnerável a ataques.
- O custo da transação é elevado devido a uma rede maior.
- A velocidade de transação é baixa devido ao funcionamento de um grande número de nós.

1.4 Tipos de cadeia de blocos

1. Cadeias de blocos públicas
2. Cadeias de blocos privadas
3. Consórcios Cadeias de blocos
4. Cadeias de blocos híbridas

Cadeias de blocos públicas

- As cadeias de blocos públicas são redes abertas e descentralizadas de computadores acessíveis a qualquer pessoa que pretenda solicitar ou validar uma transação (verificar a sua exatidão).
- Aqueles (mineiros) que validam as transacções recebem recompensas.
- As cadeias de blocos públicas utilizam o consenso de prova de trabalho ou de prova de participação.
- sistema de registo distribuído sem permissões.
- Qualquer pessoa que tenha acesso à Internet pode iniciar sessão numa plataforma de cadeia de blocos para se tornar um nó autorizado e fazer parte da rede de cadeia de blocos.
- Exemplo: cadeias de blocos Bitcoin e Ethereum (ETH).

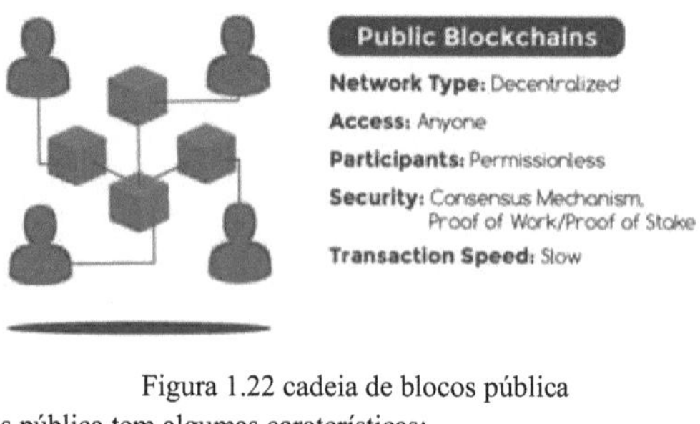

Figura 1.22 cadeia de blocos pública

Uma cadeia de blocos pública tem algumas caraterísticas:

- Armazenamento de dados transparente, imutável e só de escrita.

- Gera confiança entre toda a comunidade de utilizadores
- Descentralizado, sem necessidade de intermediários.
- Estado consistente em todos os participantes.
- Resistente a participantes maliciosos.
- Qualquer pessoa pode aderir à cadeia dc blocos pública.

Desvantagens

- Sofrem de uma falta de velocidade de transação.

Cadeias de blocos privadas

- Uma Blockchain privada é como uma base de dados relacional, ou seja, totalmente centralizada e propriedade de uma única organização.
- As cadeias de blocos privadas não são abertas, têm restrições de acesso.
- As pessoas que pretendam aderir necessitam de autorização do administrador do sistema.
- São normalmente geridos por uma entidade, o que significa que são centralizados.
- Por exemplo, a Hyperledger é uma cadeia de blocos privada e autorizada.

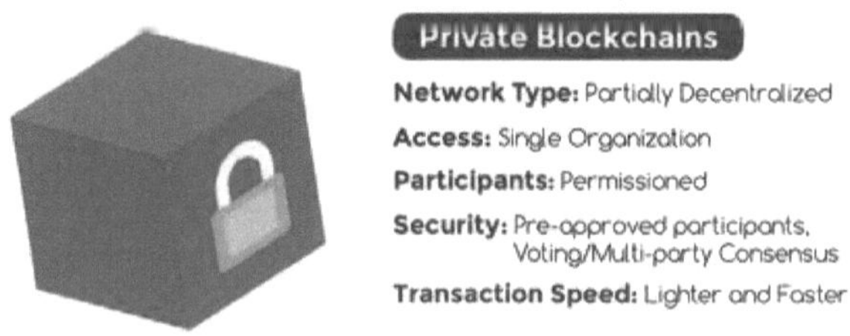

Tipo de rede: Parcialmente descentralizada
Acesso: Organização única
Participantes: Autorizados
Segurança: Participantes pré-aprovados, votação/consenso multipartidário
Velocidade de transação: Mais leve e mais rápido

Figura 1.23 cadeia de blocos privada

Consórcios blockchain

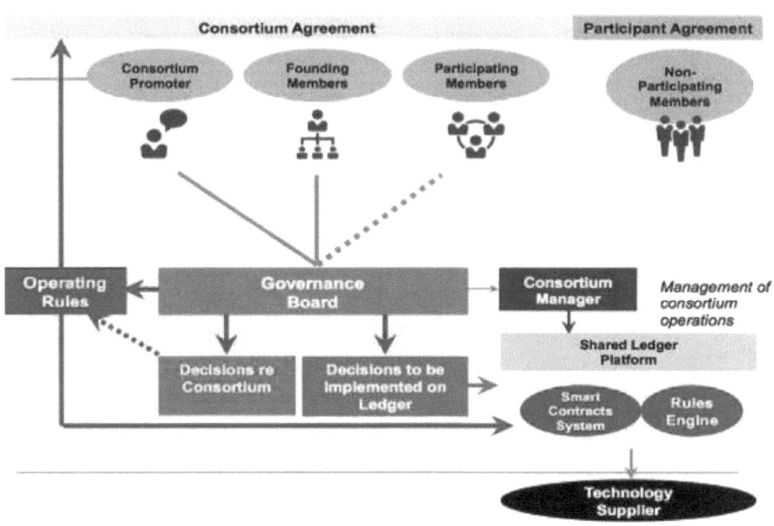

Figura 1.24 Cadeia de blocos do consórcio

- A validação é efectuada por membros conhecidos e identificados da rede limitada de nós
- maior privacidade, uma vez que as informações dos blocos verificados não são expostas ao público.
- Não existem taxas de transação
- o consenso é alcançado por um número relativamente pequeno de nós, de acordo com o esquema de governação.
- Maior escalabilidade - o bloco de Bitcoin transmite apenas até 1 Mb* (de 1500 a 2700 transacções) por 10 minutos, quando uma cadeia de blocos de consórcio pode optimizá-la para 1000 ou mais transacções por segundo.
- Uma plataforma de consórcio é mais flexível.
- sistema baseado em votação, garante uma latência baixa e uma velocidade soberba.

Cadeia de blocos híbrida

- como uma blockchain de consórcio, mas não é.
- A blockchain híbrida é melhor definida como uma combinação de uma blockchain privada e pública
blockchain.
- Tem casos de utilização numa organização que não pretende implementar uma cadeia de blocos privada nem uma cadeia de blocos pública e que pretende simplesmente implementar o melhor de ambos os mundos.
- **Exemplo de cadeia de blocos híbrida:** Dragonchain, a cadeia de blocos híbrida da XinFin

Vantagens

- Funciona num ecossistema fechado sem a necessidade de tornar tudo público.
- As regras podem ser alteradas de acordo com as necessidades.
- As redes híbridas também são imunes a 51% dos ataques.
- Oferece privacidade enquanto continua ligado a uma rede pública.
- Oferece uma boa escalabilidade em comparação com a rede pública.

Desvantagens

- Não é totalmente transparente.
- A atualização para a cadeia de blocos híbrida pode ser um desafio.
- Não existe qualquer incentivo para participar e contribuir para a rede.

Quadro 1.2 Tipos de cadeias de blocos

	Público	**Privado**	**Híbrido**
Definição	A cadeia de blocos pública está **aberta a todos** e qualquer pessoa pode participar.	A cadeia de blocos privada é controlada pelos proprietários e **o acesso é limitado** a determinados utilizadores.	A cadeia de blocos híbrida é uma combinação da cadeia de blocos pública e privada. Isto significa que alguns processos são mantidos privados e outros públicos.
Transparência	A cadeia de blocos pública é **completamente transparente.**	A cadeia de blocos privada só é **transparente para os utilizadores a quem é concedido acesso.**	A transparência da cadeia de blocos híbrida depende da forma como os proprietários definem **as regras**.
Incentivo	A blockchain pública **incentiva** os participantes a fazer crescer a rede.	A cadeia de blocos privada é limitada e, por conseguinte, **não tem um** incentivo semelhante ao de uma cadeia de blocos pública.	As cadeias de blocos híbridas podem optar por incentivar os utilizadores, se assim o desejarem.

Caso de utilização	Pode ser utilizado em quase todos os sectores. **Ideal para projectos públicos**. Também é bom para criar criptomoedas para utilização comercial.	A cadeia de blocos privada é excelente para a implementação da cadeia de blocos em organizações, uma vez que estas **necessitam de um** controlo **total** sobre o seu fluxo de trabalho.	O modelo híbrido é mais adequado para projectos que não podem ser **privados ou públicos** e que carecem de confiança. A cadeia de abastecimento é um ótimo exemplo. Também é eficaz nos sectores bancário, financeiro, IoT, entre outros.
Exemplo	Bitcoin, Litecoin, Ethereum	Ripple, Corda	Hyperledger
Necessidade de KYC	Não	Sim	Sim
Custo transacional	Caro	Não tão dispendioso	Não tão dispendioso
Possui as propriedades básicas da cadeia de blocos	Sim	Sim	Sim

1.5 Pilares da cadeia de blocos

Figura 1.25 Pilares da cadeia de blocos

- Cada Blockchain pode ser classificado com base em 3 componentes: Descentralização, Escalabilidade e Segurança.
- É um desafio manter todos estes três componentes em equilíbrio. Normalmente, um deles é parcialmente sacrificado para obter os outros dois.
- **Escalabilidade**
- **Descentralização** (resistência à censura)
- **Segurança**
- **segurança, escalabilidade e descentralização**. Estes são alguns dos factores mais importantes no desenvolvimento em curso (a privacidade/anonimato é outro candidato).

Segurança:

- A rede está protegida contra falhas internas e externas.
- **A segurança** é o conceito mais importante e, sem ela, a tecnologia seria inutilizável.
- A segurança é a mais importante de todas, uma vez que ninguém utilizaria bancos ou Bitcoin sem ela. Por exemplo, poderíamos dizer que a falta de segurança nos impediu de adotar essa solução de escalabilidade.

Escalabilidade:

- A tecnologia deve ser capaz de crescer e lidar com uma escala comercialmente viável.
- **A escalabilidade** é necessária para que a tecnologia seja amplamente adoptada

Descentralização:

- A rede não deve, na prática, ser vulnerável ao controlo de um pequeno número de entidades.
- **A descentralização** é necessária para reduzir os custos (intermediários) e para criar confiança.

1.6 Iniciativas governamentais de cadeia de blocos

Número crescente de iniciativas de cadeias de blocos em todo o mundo

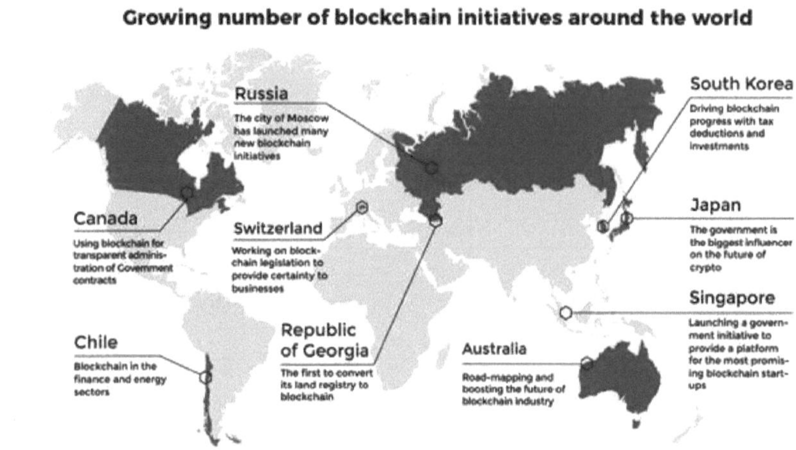

Figura 1.26 Iniciativas governamentais da cadeia de blocos

Porquê utilizar a Blockchain nos processos governamentais?

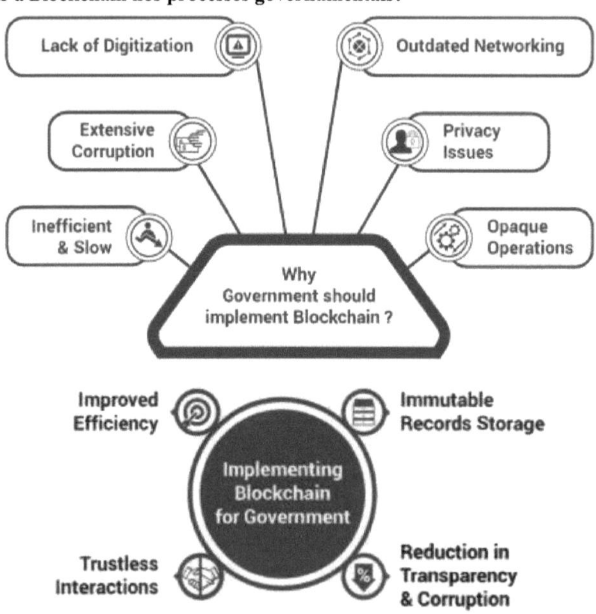

Figura 1.27 Benefícios das iniciativas governamentais de cadeia de blocos

Casos de utilização governamental da cadeia de blocos

e-Estónia

identificação digital, imposto eletrónico, votação eletrónica

Geórgia - Registo Predial
O projeto complementa o protocolo tradicional de registo predial com a cadeia de blocos.
Malta - Registo Académico
Utilizando a aplicação Blockcerts, o cidadão inscreve a sua instituição académica como emissora de certificados.
Suíça - Identidade descentralizada
limitado a provas residenciais na sua primeira fase
Blockchain para a Administração Pública - Os obstáculos
Escalabilidade
Risco de roubo de chaves privadas e consequente violação de dados
Falta de sensibilização para a cadeia de blocos
O caso ideal de implementação da cadeia de blocos - Índia

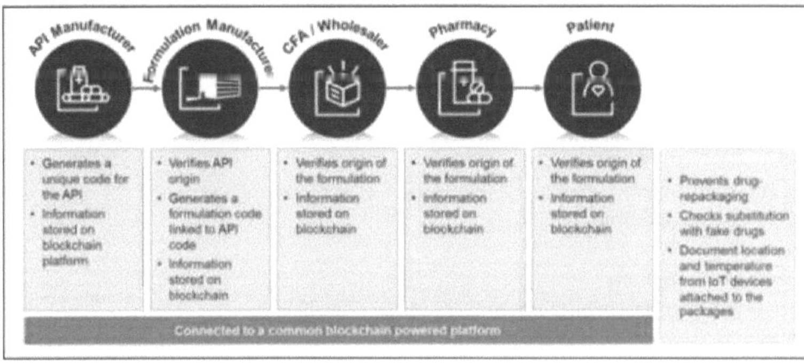

Figura 1.28 Iniciativas de cadeia de blocos

1.7 Bitcoin
- Lançado em 2008 por Satoshi Nakamoto.
- Foco nas criptomoedas e nos micropagamentos
- Consenso de prova de trabalho

Bitcoin vs. bitcoins
Bitcoin é o sistema
os bitcoins são as unidades
O que é a Bitcoin?
- Uma moeda Internet **peer-to-peer** que permite transferências **descentralizadas** de valor entre **particulares e empresas**.

Antes da Bitcoin
- DigiCash (1989): O primeiro sistema de dinheiro eletrónico
- A empresa de David Chaum, com *ecash* (1983)
- Notas de ecash garantidas por moeda fiduciária do banco
- Confiou em assinaturas cegas

-A ideia foi publicada em 2009 por uma pessoa/grupo de pessoas pseudónimas, com o nome

Satoshi Nakamoto.
O objetivo com a Bitcoin era:
- Para criar um sistema **sem confiança**, utilizando a criptografia
- Resolver o problema da dupla utilização das moedas digitais anteriores
- Criar activos digitais que possam ser detidos, com prova de propriedade

Criar uma moeda a partir do zero
- Motivação
• Desconfiança em relação às instituições financeiras
• Custos de transação
- Principais preocupações
• Segurança das transacções
• Gastos duplos

Desconfiança em relação às instituições financeiras
• Qualquer transação que não seja em numerário requer um administrador de confiança - geralmente um
banco ou prestador de serviços financeiros.
• O sistema obriga os participantes a confiar em instituições financeiras que nem sempre são fiáveis.

Segurança das transacções
• Dois níveis de verificação
• A fonte é legítima
• As moedas são legítimas
• A verificação da chave pública/privada garante a legitimidade

Gastos duplos
• Se o dinheiro são apenas códigos digitais, porque não copiar e colar para ganhar mais dinheiro?
• Registos temporais
• Hashs
• Cadeia de blocos
- Carimbo de data/hora
- Cada transação é embalada e registada publicamente pela ordem em que foi efectuada.
- Haxixe
- Ao grupo de transacções com carimbo de data/hora é atribuído um número único derivado de um algoritmo

Bitcoin
• **A Bitcoin** é a primeira criptomoeda oficial que foi lançada em 2009. É basicamente uma moeda digital e só existe eletronicamente.
• A Bitcoin é o primeiro sistema de dinheiro eletrónico bem sucedido e, coincidentemente, a primeira instância de uma Blockchain bem sucedida.
• Seguro, sem confiança, sem fronteiras
• Não é necessário um banco para autorizar/processar transacções
• As transacções são armazenadas num **livro-razão distribuído**

A Bitcoin introduziu o conceito de **criptomoeda**; dinheiro digital descentralizado protegido por criptografia e utilizado para criar activos digitais valiosos que não podem ser falsificados.
As transacções de Bitcoin são autorizadas numa rede peer-to-peer.
• Cada nó armazena o histórico da cadeia de blocos, contendo transacções validadas
• A contrafação é impossível porque, se o historial de um nó for corrompido, os outros permanecem iguais e nenhuma autoridade central (por exemplo, um banco) precisa de confirmar; a isto chama-se **descentralização**
• Ao contrário dos modelos de rede P2P anteriores, os membros da rede Bitcoin são incentivados a participar através da **moeda criptográfica**.

- Especificamente, o incentivo é para as pessoas que cunham (criam) Bitcoin, chamadas **mineiros**.

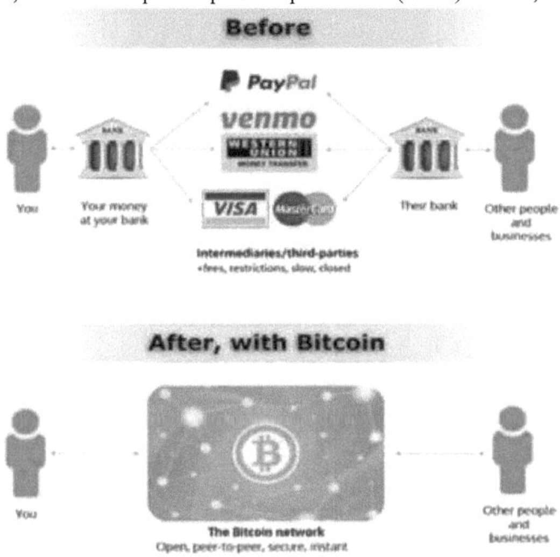

Figura 1.28 antes e depois da bitcoin

Propriedades da Bitcoin

- As bitcoins podem ser possuídas.
- Os bitcoins podem ser transferidos.
- As bitcoins são impossíveis de copiar.

Mineração de bitcoins

- Os mineiros resolvem algoritmos complicados para encontrar uma solução designada por hash.
- Encontrar um hash cria um bloco que é utilizado para processar transacções.
- Cada novo bloco é adicionado à cadeia de blocos.
- Até existirem 21 milhões de bitcoins, os mineiros são pagos por encontrarem um hash numa nova moeda.
- Após 21 milhões, os mineiros cobrarão taxas de transação pela criação de um novo bloco.
- O montante pago por hash desce para metade de 4 em 4 anos.

Possuir bitcoins

Os utilizadores criam contas denominadas carteiras.

- As carteiras são protegidas por palavras-passe e contêm as chaves privadas utilizadas para transferência de bitcoins.

Gastar bitcoins

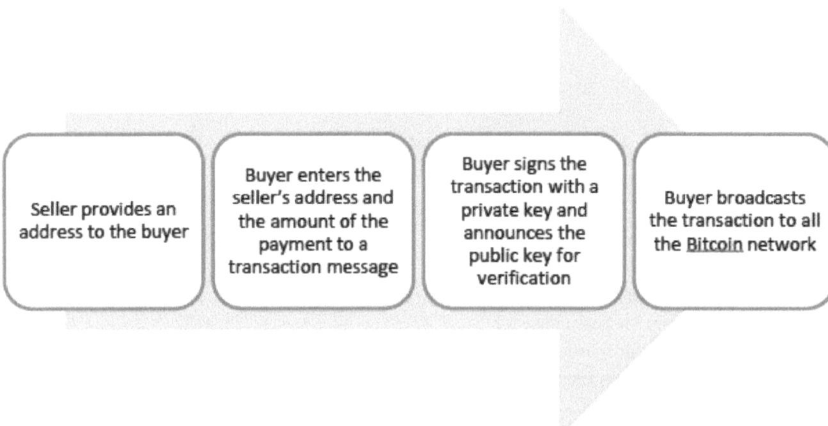

O vendedor fornece um endereço ao comprador
O comprador introduz o endereço do vendedor e o montante do pagamento numa mensagem de transação
O comprador assina a transação com uma chave privada e anuncia a chave pública para verificação
O comprador transmite a transação a toda a rede Bitcoin

Figura 1.29 Transação de bitcoin

Carteiras

- Uma carteira é uma combinação de endereço público e chave privada.

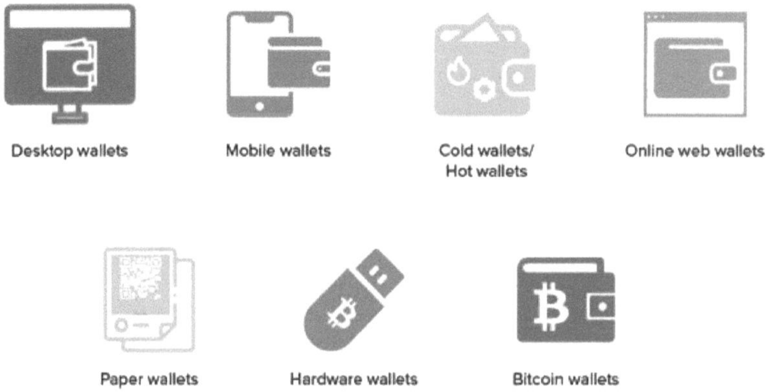

Figura 1.30 Carteiras de bitcoin

Carteiras de hardware

- As carteiras de hardware mais populares são a Ledger Nano S e a Trezor.

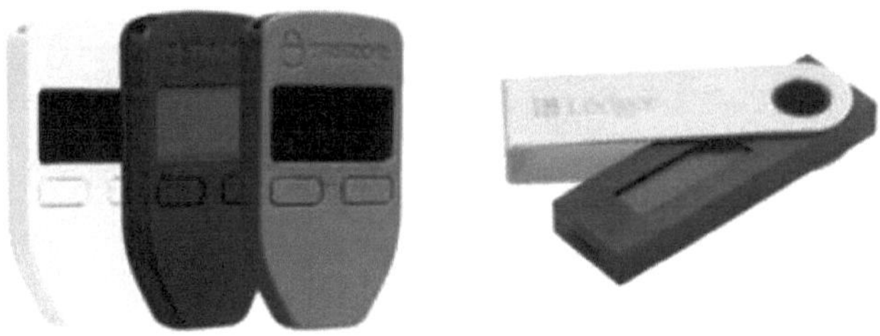

Figura 1.31 Hardware Walet

- As carteiras de hardware são dispositivos de hardware que gerem individualmente endereços e chaves públicas.
- Parece um USB com ecrã OLED e botões laterais.
- quando abre uma carteira (na carteira de hardware ou na carteira de software) são-lhe fornecidos 2 pares de chaves (por vezes mais).
- **A chave pública** e **a chave privada**.
- **A chave pública** é utilizada para gerar o **endereço** público **da criptomoeda** que pode utilizar para receber a criptomoeda,
- a **chave privada** é utilizada para assinar as transacções, confirmando a sua propriedade sobre a mesma.
- Esta é a razão pela qual a chave privada deve ser **mantida em segredo**

Carteiras de papel

- Trata-se de um formulário de carteira impresso fisicamente com código QR.
- Algumas carteiras permitem descarregar o código para gerar novos endereços offline.

Figura 1.32 Carteira de papel

Carteira de secretária

- As carteiras de secretária são programas que armazenam e gerem a chave privada das suas Bitcoins no disco rígido do seu computador.

Figura 1.33Carteira de secretária

Carteiras móveis

- Uma carteira móvel é uma carteira virtual que armazena informações de cartões de pagamento num telemóvel
dispositivo.
- São bastante práticos, uma vez que utilizam códigos QR para as transacções
- Algumas carteiras móveis são a Coinomi e a Mycelium

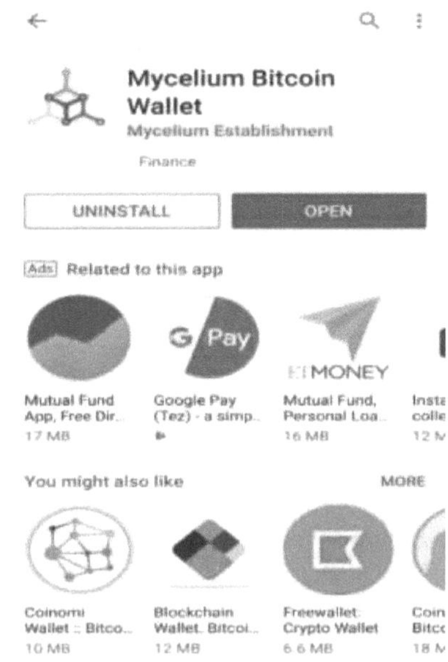

Figura 1.34 Carteira móvel

Carteiras Web

- Estas carteiras são acedidas através de navegadores de Internet.
- São as carteiras menos seguras.
- Não são o mesmo que carteiras quentes.
- São ideais para pequenos investimentos e permitem transacções rápidas.
- Algumas delas são a MetaMask e a Coinbase.

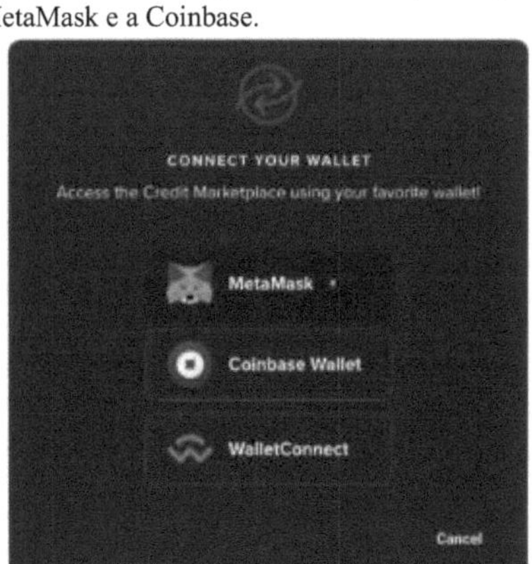

Figura 1.35 Carteira Web

Transacções de Bitcoin

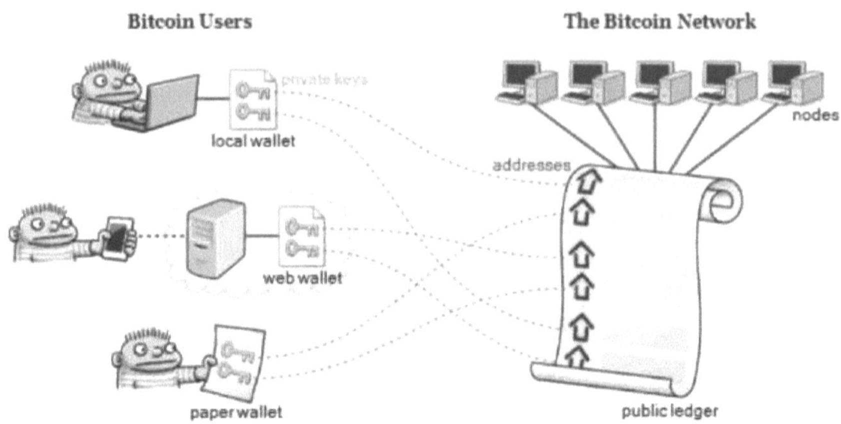

Figura 1.36 Transacções de Bitcoin

- Um nó completo é basicamente um contabilista eletrónico, e qualquer pessoa no mundo pode criar e
primeiro turno.
- Cada nó tem uma cópia completa do livro-razão **público** - que é um registo de cada Bitcoin transação

Exemplo de transação

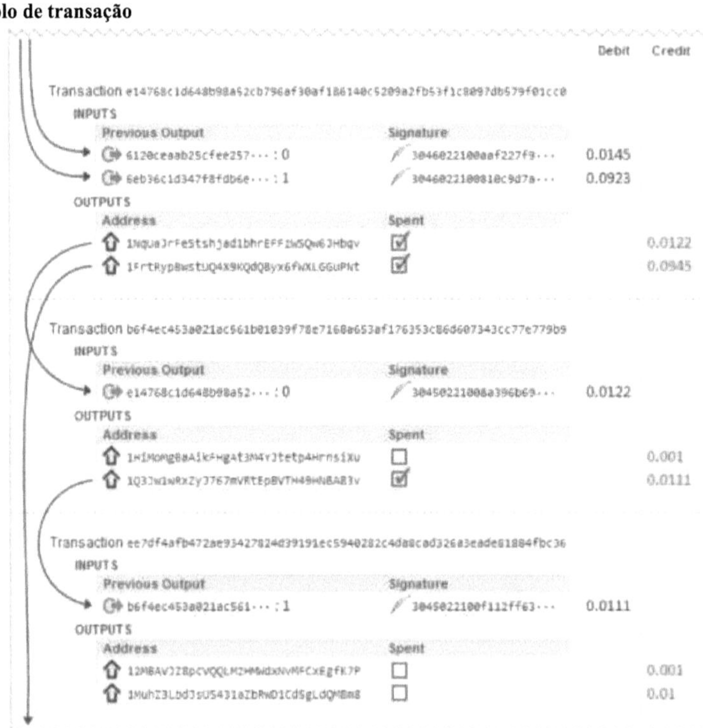

Figura 1.37 Transacções com valores Hash

- Cada transação tem um conjunto de entradas e um conjunto de saídas.
- **Os inputs** identificam quais os bitcoins que estão a ser gastos e os **outputs** atribuem esses bitcoins aos seus novos proprietários.
- Cada entrada é apenas uma referência assinada digitalmente a uma saída de uma transação anterior.
- Quando uma saída é gasta por uma entrada subsequente, nenhuma outra transação pode gastar essa saída novamente.
- Cada saída não gasta representa uma quantidade de bitcoin que está atualmente na posse de alguém.
- Note-se que o nome verdadeiro de ninguém aparece em qualquer parte de uma transação. É por isso que o Bitcoin
é frequentemente considerado **um pseudónimo**.
- Em vez de nomes reais, os bitcoins são atribuídos a **endereços** como 1PreshX6QrHmsWbSs8pHpz6kLRcj9kdPy6.

De onde vêm os endereços?

- Obviamente, se quiser receber bitcoins, precisa de ter um endereço Bitcoin. A sua carteira pode gerar endereços para si.
- Para gerar um endereço, a sua carteira gera primeiro uma **chave privada**. Uma chave privada não é mais do que um número grande, aproximadamente entre 1 e 2 .^{256}
- Para tornar esses números mais curtos de escrever, é habitual codificá-los como uma sequência de números e letras.

Endereço Bitcoin

- De seguida, a sua carteira converte essa chave privada para um endereço Bitcoin usando uma função bem conhecida. Esta função é muito simples de ser executada por um computador.
- utiliza criptografia de curva elíptica para gerar endereços Bitcoin
- Se alguém souber a sua chave privada, pode facilmente convertê-la também num endereço Bitcoin.

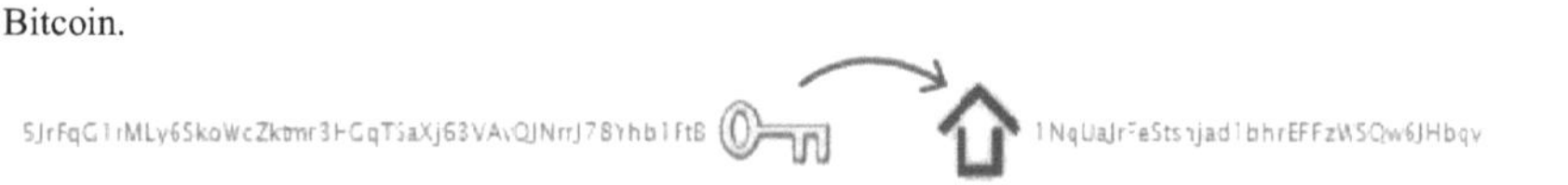

- Se alguém souber *apenas* o seu endereço Bitcoin, é praticamente impossível descobrir qual era a chave privada.

Como são autorizadas as transacções

- Na Bitcoin, uma assinatura digital válida serve como prova de que a transação foi autorizada pelo proprietário do endereço.
- Tal como foi necessária uma chave privada para gerar esse endereço, a mesma chave privada é necessária, mais uma vez, para gerar uma assinatura digital válida.

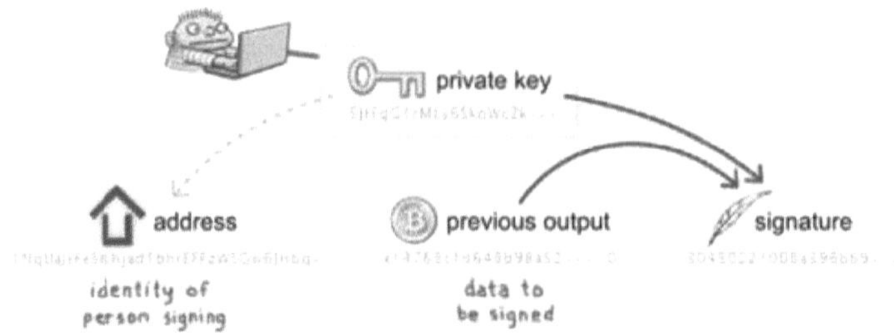

• - Uma assinatura digital só é válida se uma equação específica for satisfeita pelo endereço, a saída anterior e a assinatura.

O ciclo de vida da Bitcoin

• O remetente quer enviar 1 Bitcoin para o destinatário. Isto é o que vai acontecer:

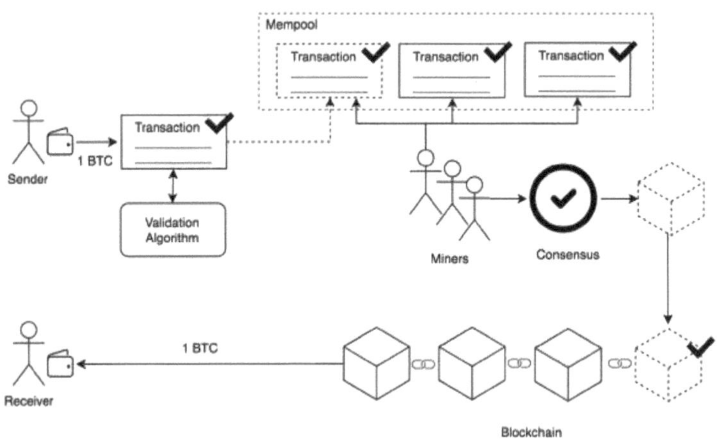

Figura 1.38 Ciclo de vida da Bitcoin

1. O remetente cria uma transação.
2. A carteira de bitcoin do remetente valida a transação.
3. A transação é enviada para o Mempool.
4. Os mineiros obtêm a transação do Mempool e começam a extrair o bloco utilizando um algoritmo de consenso.
5. Depois de o bloco ser totalmente extraído, é adicionado à rede.
6. A cadeia valida o novo bloco e todos os pares da rede obtêm a cadeia de blocos com o novo bloco adicionado.
7. Finalmente, o Recetor recebe os seus BTC

Mempool

• O Mempool (atalho para Memory Pool) é onde as transacções ficam até que o mineiro esteja pronto para as receber.

- Na cadeia de blocos da bitcoin, o mineiro dá prioridade às transacções maiores em detrimento das mais pequenas.
- Isto acontece porque é aqui que o mineiro ganha dinheiro.
- O mineiro "extrai" o bloco através do algoritmo de consenso.

Fluxo de transacções Bitcoin

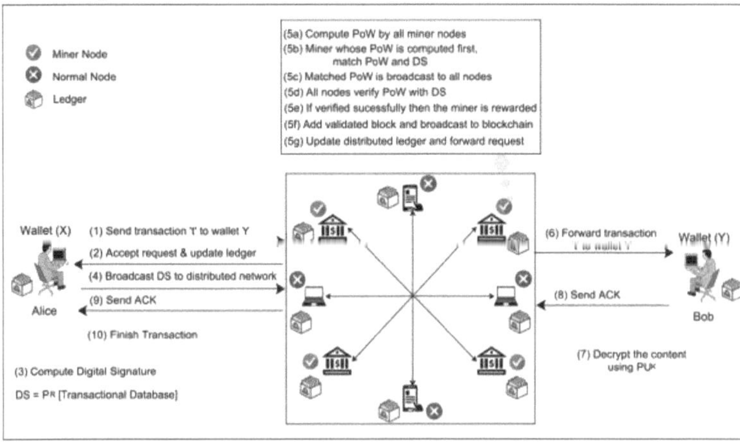

Figura 1.38 Fluxograma da Bitcoin

- Digamos que há duas partes, *Alice e Bob*, que querem comunicar entre si para transferir fundos através de um canal inseguro, a Internet. A sequência de actividades que se segue é executada entre as duas partes.
- Se *a Alice* quiser enviar algumas moedas da sua *carteiraX* para a carteira *Y do Bob*, então um pedido
de dados transaccionais "*t*" é enviado ao *Bob*. Este pedido é difundido em toda a rede.
- Os nós distribuídos aceitam o pedido e actualizam os seus registos com a informação transacional de *Alice-Bob.*
- Depois de atualizar os registos, Alice calcula a assinatura digital (*DS*) e transmite-a na rede.
- É selecionado um nó mineiro para verificar e validar a transação. Este nó calcula a prova de trabalho (PoW) para fazer corresponder a *DS* recebida. Se a prova de trabalho (PoW) corresponder com êxito à *DS*, o resultado é transmitido a todos os nós para verificação e validação.
- Os outros nós mineiros também verificam o PoW com o *DS.* Se a verificação for bem sucedida, então o nó mineiro é recompensado (financeiramente) pelo cálculo do PoW.
- O bloco validado é adicionado à cadeia validada e a transação é transmitida a toda a cadeia de blocos.
- Utilizando a transação validada "*t*", os bitcoins são adicionados à *carteiraY* do *Bob.*
- *Bob* desencripta o conteúdo utilizando a chave pública emparelhada (*PUK*) de Alice e envia o aviso de receção (*ACK*) a *Alice.*
- A transação é concluída quando Alice recebe o aviso de receção da transação.

Algoritmo de consenso

- O algoritmo de consenso é provavelmente a parte mais importante de qualquer implementação da cadeia de blocos.
- O Bitcoin utiliza um algoritmo de consenso chamado Proof Of Work.
- Tenta obter o número correto de nonce verificando o hash criado para o bloco até que o hash resultante tenha o mesmo número de zeros no seu prefixo.
- Esta execução para tentar obter o número nonce correto consome muita energia e

trabalho computacional, e é por isso que os mineiros recebem as taxas da transação.

Algoritmo de consenso de prova de trabalho

- Prova de trabalho" porque exige algum tipo de trabalho - normalmente processamento informático.
- O algoritmo de consenso é um conjunto de regras que rege uma rede blockchain.
- Trata-se de um acordo sobre as regras de uma cadeia de blocos específica e sobre a forma como os utilizadores podem participar na rede
- Mineiros que efectuam a validação das transacções na cadeia de blocos.
- Os mineiros descarregaram toda a cadeia de blocos da Bitcoin e optaram por executá-la em computadores potentes.
- Estes utilizadores (nós) na rede Bitcoin são chamados "mineiros" porque verificam e provar a exatidão de uma transação num processo designado por mineração - semelhante ao cálculo de um problema matemático complexo.
- Assim que um pedido para registar e completar uma transação é disseminado na cadeia de blocos, normalmente as transacções com a taxa mais elevada oferecida são selecionadas para entrar no bloco seguinte da cadeia de blocos.
- Para chegar a um consenso sobre um bloco válido na cadeia de blocos, o algoritmo Bitcoin fornece uma dificuldade como um parâmetro que precisa de ser cumprido para que um bloco seja válido.
- Esta "dificuldade" é regularmente modificada pela rede Bitcoin em função da capacidade de cálculo dos mineiros.
- A dificuldade pode ser diminuída ou aumentada para manter uma velocidade constante na adição de novos blocos.
- Um número arbitrário denominado nonce (abreviatura de "número utilizado apenas uma vez") é adicionado ao bloco para efeitos de criptografia.
- Os mineiros alteram o nonce até encontrarem um valor que dê ao hash do bloco o nível de dificuldade exigido
- Uma vez cumprido este requisito, o bloco não pode ser alterado sem que se refaça o trabalho.
- Durante o hashing, é utilizado um algoritmo denominado função de hash para converter um valor (o conjunto de dados selecionado) num valor de tamanho fixo como saída - o valor de hash, mascarando assim os valor original.
- Uma função de hash não pode ser objeto de engenharia inversa, o que significa que o valor de hash não pode ser utilizado para descobrir os dados originais.
- Assim, o valor hash é uma "impressão digital" que fornece uma autenticação completa e garante que não houve adulteração do conteúdo transmitido.
- Cada valor de hash contém informações sobre todas as transacções de rede anteriores.
- O hash recém-gerado é comparado com a dificuldade atual.
- Um valor hash tem sempre de conter um número específico de bits zero. Se o hash satisfizer o critério de dificuldade, é transmitido aos outros mineiros da rede.
- Se não for o caso, é selecionado outro nonce e é feito o hash. Os mineiros geram muitos hashes com diferentes nonces até encontrarem um que satisfaça os critérios necessários.
- Este processo repetitivo é conhecido como "mineração" e agora já sabe porque é que requer tanta energia.
- Por conseguinte, o primeiro mineiro que encontrar um hash válido valida o bloco num novo bloco e recebe uma recompensa de bloco em Bitcoin.

Desvantagens da prova de trabalho

- As transacções de Bitcoin por segundo foram de sete transacções,
- Os cerca de 1 700 utilizadores da rede VISA
- São necessárias grandes quantidades de energia para o processo de mineração na cadeia de blocos

Bitcoin.

- Os pools de mineração maiores têm mais poder computacional ao seu acesso e, portanto, maiores chances de minerar blocos válidos, colocando os mineradores individuais em desvantagem.
- Fonte : https://www.bitpanda.com/academy/en/lessons/consensus-algorithms-proof- of-work/

Prova de Trabalho Vs Prova de Participação

Prova de trabalho	Prova de aposta
Os nós participantes são designados por mineiros	Os nós participantes são designados validadores ou falsificadores
A capacidade de extração depende do poder computacional	A capacidade de validação depende da participação na rede
A extração mineira produz novas moedas	Não são formadas novas moedas
Os mineiros recebem recompensas por blocos	Os validadores recebem taxas de transação
Consumo massivo de energia	Consumo de energia baixo a moderado
Significativamente propenso a ataques de 51%	51% dos ataques são praticamente impossíveis

Prova de trabalho e exploração mineira

- Criar novas moedas digitais recompensando os mineiros pela execução da tarefa anterior.
- **Quando se pretende definir uma transação, isto é o que acontece nos bastidores:**
- As transacções são agrupadas naquilo a que chamamos um bloco;
- Os mineiros verificam se as transacções dentro de cada bloco são legítimas;
- Para tal, os mineiros devem resolver um puzzle matemático conhecido como problema de prova de trabalho;
- É atribuída uma recompensa ao primeiro mineiro que resolver o problema de cada bloco;
- As transacções verificadas são armazenadas na cadeia de blocos pública.

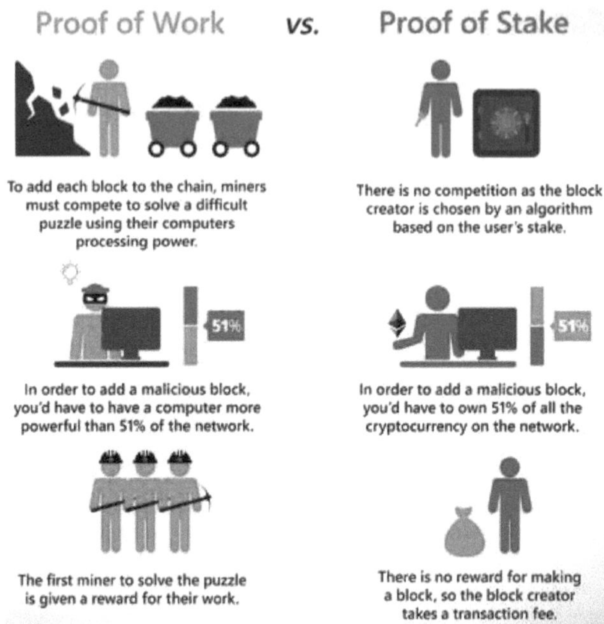

Figura 1.39 Prova de trabalho Vs prova de aposta

Processo de extração mineira

- De um ponto de vista técnico, o processo de extração mineira é uma operação de hashing inverso: determina um número (nonce), para que o algoritmo de hash criptográfico dos dados do bloco resulte num valor inferior a um determinado limiar.
- Este limiar, designado por dificuldade, é o que determina a natureza competitiva da extração mineira: quanto mais poder de computação for adicionado à rede, mais este parâmetro aumenta, aumentando também o número médio de cálculos necessários para criar um novo bloco.

Exemplo de endereço Bitcoin

- Os endereços Bitcoin têm 26-35 caracteres, são compostos por caracteres alfabéticos e numéricos e começam por "1", "3" ou "bc1".
- Atualmente, existem três formatos de endereço Bitcoin em utilização:

1. P2PKH (o endereço começa com o número "1")

- O conceito P2PKH significa "Pay to Public Key Hash".

P2PKH significa "pagar para este endereço Bitcoin". Serve como uma instrução na cadeia de blocos para os utilizadores que pretendam transferir Bitcoin uns para os outros.

- Por detrás de cada transação, existem códigos subjacentes que funcionam nos bastidores. Esta linguagem de scripting é conhecida como Bitcoin Scripting Language.

- Exemplo:

1BvBMSEYstWetqTFn5Au4m4GFg7xJaNVN2

P2PKH

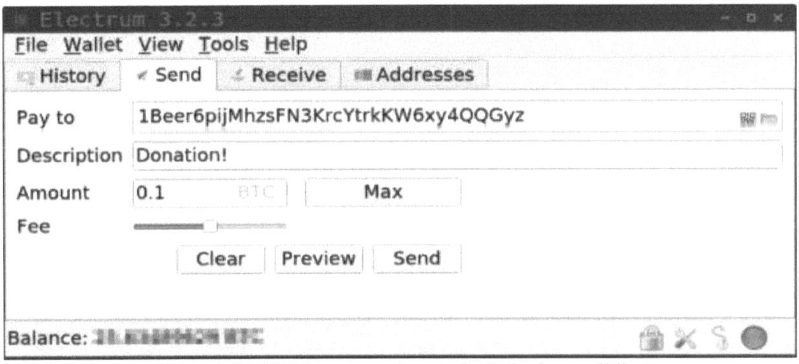

Figura 1.40 GUI de pagamento para hash de chave pública

2. **P2SH (o endereço começa com o número "3")**

- Pay to script hash (**P2SH**) é um tipo avançado de transação utilizado na Bitcoin e noutras criptomoedas semelhantes.
- O P2SH ou *Pay-to-Script-Hash* foi um patch adicionado ao Bitcoin em 2012 que alterou a forma como este validava as transacções. É mais comummente identificável como os endereços no Bitcoin que começam com um "3" em vez de um "1".
- Ao contrário do P2PKH, permite ao remetente comprometer fundos com um hash de um script válido arbitrário.

Exemplo:
3J98t1WpEZ73CNmQviecrnyiWrnqRhWNLy

3. **Bech32 (o endereço começa por "bc1")**

Exemplo:
bc1qar0srrr7xfkvy5l643lydnw9re59gtzzwf5mdq

Como obter um endereço Bitcoin

- Para obter um endereço Bitcoin, primeiro é necessário descarregar uma carteira Bitcoin, que é um software que permite enviar, receber e armazenar de forma segura fundos Bitcoin na rede Bitcoin.
- As carteiras Bitcoin também armazenam a sua chave privada, que é essencialmente a sua palavra-passe Bitcoin.
- O software irá gerar um novo endereço Bitcoin para si sempre que criar uma fatura ou receber um pedido de pagamento em Bitcoins.
- Existem quatro tipos de carteiras Bitcoin que pode utilizar: **móvel, web, desktop e hardware**.
- Fonte: https://blog.hubspot.com/marketing/bitcoin-address

1.8 Contrato inteligente

- Um contrato inteligente é um contrato autoexecutável em que os termos do acordo entre o comprador e o vendedor são diretamente escritos em linhas de código.
- O código e os acordos nele contidos existem numa rede blockchain distribuída e descentralizada.
- O código controla a execução e as transacções são rastreáveis e irreversíveis.

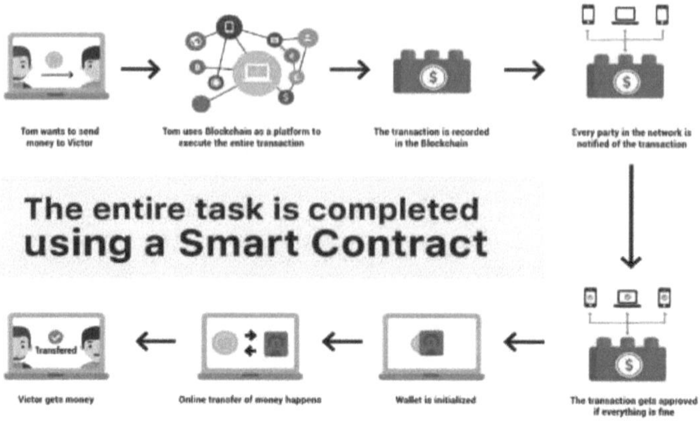

Figura 1.41 ilustração do contrato inteligente

- Os contratos inteligentes funcionam seguindo simples declarações "se/quando... então..." que são escritas em código numa cadeia de blocos.
- Uma rede de computadores executa as acções quando as condições pré-determinadas são cumpridas e verificadas.
- Estas acções podem incluir a libertação de fundos para as partes apropriadas, o registo de um veículo, o envio de notificações ou a emissão de uma multa.
- A cadeia de blocos é então actualizada quando a transação é concluída.
- Isto significa que a transação não pode ser alterada e que apenas as partes a quem foi concedida autorização podem ver os resultados.
- Dentro de um contrato inteligente, pode haver tantas estipulações quantas as necessárias para satisfazer os participantes de que a tarefa será concluída de forma satisfatória.
- Os participantes devem determinar como as transacções e os seus dados são representados na cadeia de blocos.
- Os participantes chegam a acordo sobre as regras "se/quando... então..." que regem essas transacções, exploram todas as excepções possíveis e definem um quadro para a resolução de litígios.

- O contrato inteligente pode ser programado por um programador.

As organizações que utilizam a cadeia de blocos para fins comerciais fornecem modelos, interfaces Web e outras ferramentas em linha para simplificar a estruturação de contratos inteligentes.

Benefícios dos contratos inteligentes

Rapidez, eficiência e precisão

Quando uma condição é cumprida, o contrato é executado imediatamente. Como os contratos inteligentes são digitais e automatizados, não há papelada para processar. Não há tempo gasto a reconciliar erros que muitas vezes resultam do preenchimento manual de documentos.

Confiança e transparência

Uma vez que não há terceiros envolvidos e que os registos encriptados das transacções são partilhados entre os participantes, não há necessidade de questionar se a informação foi alterada para benefício pessoal.

Segurança

Os registos de transacções da cadeia de blocos são encriptados, o que os torna muito difíceis de piratear.

Além disso, como cada registo está ligado aos registos anteriores e posteriores num livro-razão distribuído, os piratas informáticos teriam de alterar toda a cadeia para mudar um único registo.

Poupança

Os contratos inteligentes eliminam a necessidade de intermediários para tratar as transacções e, por extensão, os respectivos atrasos e taxas.

Aplicações dos contratos inteligentes

Os contratos inteligentes podem ser utilizados em todos os sectores para simplificar e automatizar a realização de negócios em todo o mundo.

Governo - sistema de votação

Gestão

livro-razão único como fonte de confiança, exatidão, transparência e sistema automatizado

Cadeia de fornecimento

automatiza tarefas e pagamentos

Automóvel

com a ajuda de um contrato inteligente, a companhia de seguros pode ser ligada para reclamar

Imóveis

Sem necessidade de corretores, agentes imobiliários

Cuidados de saúde

CAPÍTULO II

Arquitetura e concetualização da cadeia de blocos, moedas criptográficas

Bloco numa cadeia de blocos - Encontrar transacções - Consenso distribuído - Prova de trabalho, participação, espaço - Ataques aos híbridos POW-Ethereum-Pos/POW - Moeda criptográfica para a cadeia de blocos 2.0, Modelo de cadeia de blocos - Algoritmos.

2.1 BLOCO NUMA CADEIA DE BLOCOS

Definição de Blockchain

Uma cadeia de blocos é um livro-razão aberto e distribuído que pode registar transacções entre duas partes de forma eficiente, verificável e permanente, sem necessidade de uma autoridade central.

Caraterísticas-chave a ter em conta:

Aberta: Qualquer pessoa pode aceder à cadeia de blocos.

Distribuído ou descentralizado: Não está sob o controlo de uma única autoridade.

Eficiente: Rápido e escalável.

Verificável: Todos podem verificar a validade da informação porque cada nó mantém uma cópia das transacções.

Permanente: Uma vez efectuada uma transação, esta é persistente e não pode ser alterada.

Conteúdo de um bloco

A cadeia de blocos começa com um bloco chamado bloco de génese. Cada bloco armazena as seguintes informações:

Índice: Posição do bloco na blockchain. O índice do bloco de génese é 0.

Carimbo de data/hora: A hora em que esse bloco específico foi criado.

Hash: Valor numérico que identifica de forma única os dados, tal como as nossas impressões digitais.

Hash anterior: Valor de hash do bloco anterior. Para o bloco genesis, este valor é 0.

Dados: Dados armazenados no nó. Por exemplo, transacções.

Nonce: É um número utilizado para encontrar um hash válido. Para gerar este número, é utilizada a capacidade de processamento.

Genesis Block	
Previous Hash	0
Timestamp	Thu, 27 Jul 2017 02:30:00 GMT
Data	Welcome to Blockchain CLI!
Hash	0000018035a828da0...
Nonce	56551

Fig.2.1 Bloco Génesis

Mecanismo da cadeia de blocos

Fig 2.2 Blocos ligados em sentido contrário

- A cadeia de blocos funciona como um livro de registo público.
- Qualquer pequena alteração no valor dos dados pode afetar o valor do hash. Assim, afectando toda a cadeia de blocos.
- Cada par de uma rede Blockchain mantém uma cópia local da Blockchain.
- Todas as réplicas têm de ser actualizadas com o último bloco extraído.
- Todas as réplicas têm de ser consistentes - as cópias da Blockchain em diferentes pares têm de ser exatamente semelhantes.

Estrutura de um bloco (Referência: Bitcoin)

A blockchain é uma cadeia de blocos de dados. Cada bloco pode ser considerado como uma página num livro de registos. Os blocos individuais são compostos por vários componentes.

Grosso modo, estes podem ser diferenciados em

- a cabeça do bloco (cabeçalho do bloco) e
- o corpo (corpo do bloco).

Cabeçalho do bloco

A cabeça do bloco está dividida em seis componentes:

1. o número da versão do software
2. o hash do bloco anterior
3. o hash de raiz da árvore de Merkle
4. o tempo em segundos desde 1970-01-01 T00: 00 UTC
5. o objetivo da dificuldade atual
6. o nonce

- **O número da versão do software:** O número da versão do software não é importante na maioria dos casos. No entanto, um mineiro com um determinado número de versão pode indicar quais as decisões de protocolo que suporta.
- O **hash do bloco anterior** :O hash do bloco anterior é, por assim dizer, a cadeia de blockchains. Como o hash do bloco anterior está contido no hash do novo bloco, todos os blocos da cadeia de blocos se baseiam uns nos outros. Sem este componente, não haveria ligação e cronologia entre cada bloco.
- **O hash raiz da árvore de Merkle** :Todas as transacções contidas num bloco podem ser agregadas num hash. Este é o hash raiz da árvore de Merkle.
- **A hora em segundos desde 1970-01-01 T00: 00 UTC:** Um carimbo de data e hora no próprio bloco. A hora é dada em segundos desde 1.1.1970.
- **O objetivo da dificuldade atual** :O objetivo indica quão pequeno deve ser o novo hash para ter validade. Por outras palavras, cada hash tem um tamanho em bits. Quanto menor for o objetivo em bits, mais difícil é encontrar um hash correspondente. Um hash com muitos zeros no início é mais pequeno do que um hash sem zeros. Saiba mais sobre a dificuldade da prova de trabalho.
- O **Nonce:** O nonce é a variável incrementada pela prova de trabalho. Desta forma, o mineiro adivinha um hash válido, um hash que é mais pequeno do que o objetivo.

Os seis componentes formam o cabeçalho do bloco. O cabeçalho do bloco desempenha um papel fundamental no Bitcoin porque liga todos os blocos. Podemos imaginá-lo como o cockpit de um camião. Aqui estão os papéis importantes com os quais o camião passa pelos controlos da rede.

Corpo do bloco

O corpo do bloco é concebível como o espaço de carga de um camião. Contém todas as transacções que são confirmadas com o bloco.

Quando um mineiro constrói um bloco, valida as transacções. Ou seja, ele verifica se o remetente tem efetivamente dinheiro suficiente para gastar. Ele pode facilmente ler esta informação na blockchain. O mineiro olha para os blocos anteriores para ver se o remetente já recebeu dez Bitcoins se ele quiser enviar dez Bitcoins. As transações em um bloco não estão apenas em uma lista, mas em uma chamada

Árvore de Merkle.

Árvore de Merkle

A Árvore de Merkle deve o seu nome ao matemático Ralph Merkle. A descoberta foi que muita informação pode ser representada num único hash. Para isso, os próprios dados são primeiro transformados em hash. De seguida, os hashes são novamente hash e fundidos. Finalmente, a árvore de Merkle é fundida num único hash. Este último hash é também designado por hash raiz, a raiz da árvore. Representa toda a informação das suas "folhas" (transacções individuais) e "ramos" (hashes das folhas) numa cadeia relativamente curta.

Criar o hash raiz é rápido e fácil, desde que todos os ramos e folhas sejam conhecidos. Recordemos a função de uma função hash: funciona de forma clara e rápida numa direção e é impossível de decompor na outra direção. Se o hash raiz for conhecido, mas as transacções forem desconhecidas, é impossível adivinhar as transacções.

O hash da raiz, por si só, não é suficiente, e o resto do bloco deve ser guardado. Assim, o minerador pode validar o hash da raiz a qualquer momento, fazendo novamente o hash das informações contidas no bloco. Desde que a função de hash seja a mesma, os mineiros obtêm sempre o mesmo hash para uma determinada entrada de dados. Isto é muito útil porque só podem verificar se estão ao mesmo nível que o hash.

Mineração: A procura de um hash especial

Neste contexto, é mais fácil compreender a extração da prova de trabalho. Durante a extração, o cabeçalho do bloco é alterado de forma incremental para obter um hash especial. O cabeçalho é composto por cinco constantes e uma variável. As constantes são o número da versão do software, o hash do bloco anterior, o hash da raiz da árvore de Merkle, o carimbo de data/hora e o tamanho pretendido do hash procurado em bytes.

A variável é o nonce. Um nonce é um número elevado a um. Em seguida, o minerador faz o hash dos dados e verifica se os dados resultam num hash inferior ao valor alvo procurado. Se o valor de hash for superior ao objetivo, o mineiro repete o processo; por isso, aumenta o nonce em um, faz o hash e verifica novamente. Repete este processo até encontrar um hash abaixo do objetivo, ou obtém outro bloco de outro networker cujo hash está abaixo do objetivo. Em seguida, pega neste novo bloco e utiliza-o como base para o bloco seguinte (utilizando o novo hash como o "hash do bloco anterior").

A mineração é um processo hiper-repetitivo cujo objetivo é encontrar um hash especial. Quando o hash é encontrado, o jogo recomeça. A probabilidade de encontrar um hash especial depende da dificuldade. Em média, a Bitcoin encontra um novo bloco a cada dez minutos. A dificuldade está sempre a adaptar-se, pelo que esta média permanece a mesma.

A caraterística especial deste processo é que o hash especial só pode ser encontrado por adivinhação. Esta taxa custa poder de computação e, portanto, energia. Basta olhar para o hash especial para ver que ele é especial porque começa com zeros.

Eis um exemplo de um hash deste tipo na cadeia de blocos Bitcoin:

000000000000000000094bfa4edb1245c347e42452e4418e9fe5a1d24e335b 16

Hashes: A matryoshka da cadeia de blocos

Um bloco pode ser simplificado como uma imagem matryoshka. O boneco mais pequeno é a transação sem hash. O envelope seguinte é a forma com hash desta transação. A partir daí, duas transacções com hash são combinadas. Assim, os hashes vão-se fundindo cada vez mais. No final, resta apenas um hash, o hash raiz, ou a maior matryoshka.

2.2 CONSENSO DISTRIBUÍDO

O consenso é o processo pelo qual os pares concordam com a adição do próximo bloco na cadeia de blocos. O consenso distribuído garante que diferentes nós da rede vejam os mesmos dados quase ao mesmo tempo. Assim, em caso de falha, o sistema pode continuar a prestar um serviço, uma vez que os dados estão descentralizados. Para manter o anonimato nesta grande rede, é utilizado o protocolo "permission less", em que não é necessário registar a identidade do utilizador para participar no consenso.

Algoritmos de consenso

Sabemos que a Blockchain é uma rede descentralizada distribuída que proporciona imutabilidade, privacidade, segurança e transparência. Não existe uma autoridade central presente para validar e verificar as transacções, mas cada transação na Blockchain é considerada completamente segura e verificada. Isto só é possível devido à presença do protocolo de consenso, que é uma parte essencial de qualquer rede Blockchain.

Um algoritmo de consenso é um procedimento através do qual todos os pares da rede Blockchain chegam a um acordo comum sobre o estado atual do livro-razão distribuído. Desta forma, os algoritmos de consenso alcançam fiabilidade na rede Blockchain e estabelecem confiança entre pares desconhecidos num ambiente de computação distribuída. Essencialmente, o protocolo de consenso garante que cada novo bloco adicionado à Blockchain é a única versão da verdade acordada por todos os nós da Blockchain. O protocolo de consenso da Blockchain consiste em alguns objectivos específicos, como chegar a um acordo, colaboração, cooperação, direitos iguais para todos os nós e participação obrigatória de cada nó no processo de consenso. Assim, um algoritmo de consenso tem por objetivo encontrar um acordo comum que seja vantajoso para toda a rede.

Agora, vamos discutir vários algoritmos de consenso e como eles funcionam.

2.2.1 Prova de trabalho (PoW):

A ideia de Proof of Work (PoW) foi publicada pela primeira vez em 1993 por Cynthia Dwork e Moni Naor e foi posteriormente aplicada por Satoshi Nakamoto no documento Bitcoin em 2008. O consenso da prova de trabalho é o mecanismo de escolha para a maioria das criptomoedas atualmente em circulação. O termo "prova de trabalho" foi utilizado pela primeira vez por Markus Jakobsson e Ari Juels numa publicação de 1999.

Princípio: Uma solução que é difícil de encontrar mas é fácil de verificar.

O objetivo de um mecanismo de consenso é fazer com que todos os nós estejam de acordo, ou seja, confiem uns nos outros, num ambiente em que os nós não confiam uns nos outros.

Todas as transacções no novo bloco são então validadas e o novo bloco é então adicionado à cadeia de blocos. Note-se que o bloco será adicionado à cadeia que tiver a maior altura de bloco (ver bifurcações da cadeia de blocos para compreender como podem existir várias cadeias num determinado momento).

Os mineiros (computadores especiais na rede) efectuam trabalho de computação para resolver um problema matemático complexo para adicionar o bloco à rede, daí o nome Prova de Trabalho. Com o tempo, o problema matemático torna-se mais complexo.

Funcionamento da POW (prova de trabalho)

"O algoritmo de consenso Proof of Work envolve a resolução de um puzzle computacional desafiante para criar novos blocos na blockchain da Bitcoin. Coloquialmente, o processo é conhecido como "mineração", e os nós da rede que se dedicam à mineração são conhecidos como "mineiros". O incentivo para as transacções de mineração reside em compensações económicas, em que os mineiros concorrentes são recompensados com 12,5 bitcoins (no momento da redação deste artigo; esta recompensa será reduzida para metade do seu valor atual com o tempo) e uma pequena taxa de transação."

O processo de verificação das transacções no bloco a adicionar, a organização destas transacções por ordem cronológica no bloco e o anúncio do novo bloco extraído a toda a rede não consome muita energia nem muito tempo. A parte que consome energia é a resolução do "problema matemático difícil" para ligar o novo bloco ao último bloco da cadeia de blocos válida. Quando um mineiro finalmente encontra a solução certa, o nó transmite-a a toda a rede ao mesmo tempo, recebendo um prémio em criptomoeda (a recompensa) fornecido pelo protocolo PoW. No momento em que este artigo é escrito, a mineração de um bloco na rede bitcoin dá ao mineiro vencedor 12,5 bitcoins. A quantidade de bitcoins ganhos diminui para metade a cada quatro anos (é assim que a rede bitcoin está concebida). Assim, a próxima dedução na quantidade de bitcoins deverá ocorrer por volta de 2020-21 (com a taxa e o crescimento actuais).

Com mais mineiros, é inevitável que o tempo que demora a extrair o novo bloco seja mais curto. Isto significa que os novos blocos são encontrados mais rapidamente. A fim de encontrar consistentemente 1 bloco a cada 10 minutos (que é a quantidade de tempo que os criadores de bitcoin pensam ser necessária para um fluxo constante e decrescente de novas moedas até que o número máximo de 21 milhões seja atingido (esperado algum tempo com a taxa atual em cerca de 2140)), a rede Bitcoin altera regularmente o nível de dificuldade de mineração de um novo bloco.

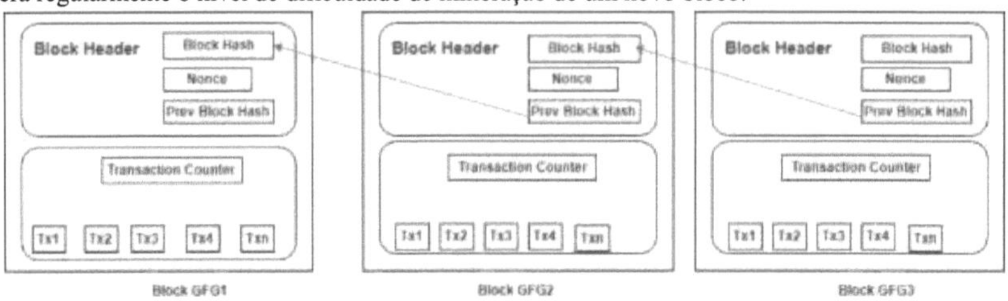

Fig 2.3 Prova de trabalho

O facto de o bloco GFG1 estar ligado ao bloco GFG2 através do seu número hash é importante. A importância reside no facto de este "número hash" ligar o novo bloco ao último bloco da cadeia de blocos válida. Se, por outro lado, o número de hash do bloco GFG1 no bloco GFG2 tivesse um número de hash diferente do bloco GFG1, eles não corresponderiam e o bloco GFG2 não seria verificado.

O primeiro bloco da cadeia de blocos chama-se Bloco Génesis e não tem valor de Hash de bloco anterior.

Alterar um bloco (o que só pode ser feito criando um novo bloco que contenha o mesmo antecessor) requer regenerar todos os sucessores e refazer o trabalho que contêm (o que equivale a calcular toda a cadeia de "problemas matemáticos difíceis"), o que é praticamente impossível. Isto protege a cadeia de blocos contra adulterações.

O sistema de Prova de Trabalho da Bitcoin:

Bitcoin usa o sistema Hashcash Proof of Work como base de mineração. O "problema matemático difícil" pode ser escrito de forma abstrata como se segue:

Dado um dado A, encontre um número x tal que o hash de x anexado ao resultado de A seja um número menor que B.

Os mineiros agrupam um grupo de transacções num bloco e tentam minerar. Para o minerar, tem de ser resolvido um problema matemático difícil. Este problema é designado por problema de prova de trabalho, que tem de ser resolvido para mostrar que o mineiro fez algum trabalho para encontrar a solução para o problema e, por conseguinte, o bloco extraído tem de ser válido. A resposta ao problema tem de ser um número inferior ao hash do bloco para que este seja aceite, conhecido como "hash alvo". Um hash alvo é um número ao qual o cabeçalho de um bloco com hash deve ser igual ou inferior para que um novo bloco, juntamente com a recompensa, seja atribuído a um mineiro. Quanto mais baixo for o objetivo, mais difícil é gerar um bloco.

Um mineiro continua a testar diferentes valores únicos (conhecidos como nonce(s)) até que um adequado seja produzido. O mineiro que consegue resolver o problema recebe a recompensa em bitcoin e adiciona o bloco à cadeia de blocos, transmitindo que o bloco foi extraído. O hash alvo é ajustado uma vez a cada 2016 blocos ou aproximadamente uma vez a cada 2 semanas. Todos os mineiros param imediatamente o trabalho no referido bloco e começam a extrair o bloco seguinte.

Protocolos criptográficos comuns utilizados em sistemas de Prova de Trabalho: O consenso de prova de trabalho mais utilizado é baseado em SHA-256 e foi introduzido como parte do Bitcoin. Outros incluem Scrypt, SHA-3, scrypt-jane, scrypt-n, etc.

Caraterísticas do sistema de prova de trabalho:

Há principalmente duas caraterísticas que contribuíram para a grande popularidade deste protocolo de consenso e são elas

- É difícil encontrar uma solução para o problema matemático
- É fácil verificar a correção desta solução

Principais problemas com o consenso da Prova de Trabalho:

\O mecanismo de consenso Proof-of-Work tem alguns problemas que são os seguintes:

- O risco de 51%: Se uma entidade controladora possuir 51% ou mais de 51% dos nós na rede, a entidade pode corromper a cadeia de blocos ao obter a maioria da rede.
- Demora muito tempo: Os mineiros têm de verificar muitos valores nonce para encontrar a solução correta para o puzzle que tem de ser resolvido para extrair o bloco, o que é um processo moroso.
- Consumo de recursos: Os mineiros consomem grandes quantidades de poder de computação para encontrar a solução para o difícil puzzle matemático. Isto leva a um desperdício de recursos preciosos (dinheiro, energia, espaço, hardware). Prevê-se que 0,3% da eletricidade mundial seja gasta para verificar transacções até ao final de 2018.
- A confirmação da transação demora cerca de 10 a 60 minutos. Portanto, não se trata de uma transação instantânea; porque demora algum tempo a extrair a transação e a adicioná-la à cadeia de blocos, confirmando assim a transação.

Criptomoedas que utilizam PoW:

- Litecoin
- Ethereum
- Moeda Monero
- Dogecoin

2.2.2 Prova de participação (Proof of Stake - PoS):

Proof of Stake (PoS) é um tipo de algoritmo que tem como objetivo alcançar um consenso distribuído numa Blockchain. Esta forma de alcançar o consenso foi sugerida pela primeira vez pela Quantum Mechanic aqui e, mais tarde, Sunny King e o seu par escreveram um artigo sobre o assunto. Isto levou à Peercoin baseada na Prova de Participação (PoS). Um stake é o valor/dinheiro que apostamos num determinado resultado. O processo chama-se staking. Um significado mais específico de stake será definido mais adiante.

Necessidade de prova de participação:

Antes da prova de participação, a forma mais popular de obter um consenso distribuído era através da prova de trabalho (implementada na Bitcoin). Mas a prova de trabalho consome muita energia (energia eléctrica na extração de uma bitcoin). Assim, um mecanismo de consenso baseado na prova de trabalho aumenta as hipóteses de uma entidade extrair um novo bloco se tiver mais recursos de computação. Para além dos dois pontos anteriores, há outros pontos fracos de um mecanismo de consenso baseado na prova de trabalho que discutiremos mais adiante. Neste cenário, um mecanismo baseado em Proof-of-Stake tem mérito.

Prova de participação:

Como se depreende do nome, os nós de uma rede apostam uma quantia em criptomoeda para se tornarem candidatos a validar o novo bloco e ganharem uma comissão por isso. De seguida, um algoritmo escolhe, de entre os candidatos, o nó que irá validar o novo bloco. Este algoritmo de seleção combina a quantidade de aposta (quantidade de criptomoeda) com outros factores (como a seleção baseada na idade da moeda, processo de aleatorização) para tornar a seleção justa para todos na rede.

- **Seleção baseada na idade da moeda:** O algoritmo regista o tempo que cada nó candidato a validador permanece como validador. Quanto mais antigo for o nó, maiores são as hipóteses de se tornar o novo validador.
- **Seleção aleatória de blocos:** O validador é escolhido com uma combinação de "valor de hash mais baixo" e "aposta mais alta". O nó que tiver a melhor combinação ponderada destes factores torna-se o novo validador.

Um fluxo de trabalho típico de um mecanismo baseado em PoS:

1. Os nós fazem transacções. O algoritmo PoS coloca todas estas transacções numa pool.

2. Todos os nós que estão a concorrer para se tornarem validadores do bloco seguinte fazem uma aposta. Esta aposta é combinada com outros factores como a "idade da moeda" ou a "seleção aleatória de blocos" para selecionar o validador.
3. O validador verifica todas as transacções e publica o bloco. A sua participação continua bloqueada e a recompensa pela falsificação também ainda não foi concedida. Isto acontece para que os nós da rede possam "OK" o novo bloco.
4. Se o bloco for "OK", o validador recebe a aposta de volta e a recompensa também. Se o algoritmo estiver a usar um mecanismo baseado na idade da moeda para selecionar os validadores, o validador do bloco atual tem a sua idade da moeda reposta a 0, o que o coloca numa posição de baixa prioridade para a próxima eleição de validador.
5. Se o bloco não for verificado por outros nós da rede, o validador perde a sua participação e é marcado como "mau" pelo algoritmo. O processo recomeça a partir do passo 1 para forjar o novo bloco.

Caraterísticas:

Moedas fixas existentes:

Existe apenas um número finito de moedas que circulam sempre na rede. Não existe a possibilidade de criar novas moedas (como no caso da bitcoin e de outros sistemas baseados no PoW). Note-se que a rede começa com um número finito de moedas ou "inicialmente começa com PoW, depois muda para PoS" em alguns casos. Este início com PoW destina-se a trazer moedas/criptomoedas para a rede.

Taxa de transação como recompensa para os mineiros/forjadores:

A cada transação é cobrado um determinado montante de taxa. Esta é acumulada e dada à entidade que forja o novo bloco. Note-se que se o bloco forjado for considerado fraudulento, a taxa de transação não é recompensada. Além disso, a participação do validador também é perdida (o que também é conhecido como slashing).

Impraticabilidade do ataque dos 51%:

Para efetuar um ataque de 51%, o atacante terá de possuir 51% do total de criptomoedas na rede, o que é bastante dispendioso. Este facto torna o ataque demasiado entediante, dispendioso e pouco rentável. Ocorrerão problemas quando se acumular uma tal percentagem do total de criptomoedas, uma vez que poderá não haver tanta moeda para comprar, e também porque comprar cada vez mais moedas/valores se tornará mais caro. Além disso, a validação de transacções erradas fará com que o validador perca a sua participação, sendo assim uma recompensa negativa.

Vantagens do PdS:

- **Eficiência energética:** Como todos os nós não estão a competir entre si para anexar um novo bloco à cadeia de blocos, a energia é poupada. Além disso, nenhum problema tem de ser resolvido (como no caso do sistema de prova de trabalho), poupando assim energia.
- **Descentralização:** Em cadeias de blocos como a Bitcoin (sistema de Prova de Trabalho para alcançar consenso distribuído), existe um incentivo extra de recompensas exponenciais para se juntar a um grupo de mineração, levando a uma natureza mais centralizada da cadeia de blocos. No caso de um sistema baseado em Proof-of-Stake (como o Peercoin), as recompensas são proporcionais (lineares) ao montante da aposta. Assim, não oferece absolutamente nenhuma vantagem extra para se juntar a um pool de mineração; promovendo assim a descentralização.
- **Segurança:** Uma pessoa que tente atacar uma rede terá de possuir 51% das acções (bastante dispendioso). Isto conduz a uma rede segura.

Fraqueza de um mecanismo PoS:

- **Validadores com grandes participações:** Se um grupo de candidatos a validador se juntar e possuir uma parte significativa do total de criptomoedas, terá mais hipóteses de se tornar validador. Mais hipóteses levam a mais selecções, o que leva a mais e mais recompensas de falsificação, o que leva a possuir uma grande parte da moeda. Isto pode fazer com que a rede se torne centralizada ao longo do tempo.
- **Nova tecnologia:** O PoS ainda é relativamente novo. A investigação está em curso para encontrar

falhas, corrigi-las e torná-las viáveis para uma rede ativa com transacções monetárias reais.

- **O problema "Nothing at Stake" (nada em jogo):** Este problema descreve a pouca ou nenhuma desvantagem para os nós no caso de apoiarem múltiplas cadeias de blocos na eventualidade de uma divisão da cadeia de blocos (bifurcação da cadeia de blocos). Na pior das hipóteses, cada bifurcação dará origem a múltiplas cadeias de blocos e os validadores funcionarão e os nós da rede nunca chegarão a um consenso.

Blockchains que utilizam Proof-of-Stake:

- Ethereum(atualização Casper)
- Peercoin
- Nxt

Variantes da prova de participação:

- Prova de participação regular
- Prova de participação delegada
- Prova de participação alugada
- Prova de participação Masternode

2.2.3 Prova de espaço/ prova de capacidade

A prova de espaço é um tipo de algoritmo de consenso obtido através da demonstração do interesse legítimo de uma pessoa num serviço (como o envio de um correio eletrónico), atribuindo uma quantidade não trivial de memória ou espaço em disco para resolver um desafio apresentado pelo fornecedor do serviço.

As provas de espaço são muito semelhantes às provas de trabalho (PoW), exceto que em vez de computação, o armazenamento é utilizado para ganhar criptomoeda. A prova de espaço é diferente das funções memory-hard na medida em que o estrangulamento não está no número de eventos de acesso à memória, mas na quantidade de memória necessária. As provas de espaço são vistas como uma alternativa mais justa e ecológica pelos entusiastas da cadeia de blocos devido à natureza de uso geral do armazenamento e ao menor custo de energia exigido pelo armazenamento, mas foram criticadas por aumentarem a procura de armazenamento. Várias implementações teóricas e práticas de PoS foram lançadas e discutidas, como SpaceMint, Burstcoin e Chia.

Descrição do conceito

Uma prova de espaço é um conjunto de dados que um provador envia a um verificador para provar que o provador reservou uma determinada quantidade de espaço. Para ser prático, o processo de verificação tem de ser eficiente, ou seja, consumir uma pequena quantidade de espaço e tempo. Por razões de segurança, deve ser difícil para o provador passar a verificação se não reservar efetivamente a quantidade de espaço reivindicada. O verificador pede ao provador que construa uma etiqueta de um grafo difícil de obter. O provador compromete-se com a etiquetagem. O verificador pede então ao provador para abrir várias localizações aleatórias no compromisso.

2.3 Tipos de ataques a sistemas baseados em PoW (Proof of Work)

Como sabemos, a ideia de Proof of Work foi de Cynthia Dwork e Moni Naor. Este consenso sem permissão usa o duplo SHA 256, o que o torna seguro contra hackers. Com a prova de trabalho, os mineiros competem entre si para completar a transação e obter a recompensa. Tem muitas vantagens, como a resolução do problema das despesas duplas e é muito difícil de adulterar, mas não é impossível de adulterar se o pirata informático tiver um elevado poder computacional.

Existem dois ataques principais pelos quais os sistemas baseados em PoW podem falhar:

1. Ataques Sybil
2. Ataques de negação de serviço (DOS)

Estas são explicadas a seguir, com as respectivas soluções.

Ataques Sybil :

Nos ataques Sybil, o atacante tenta encher a rede com os clientes sob o seu controlo. Quando isto acontece, o atacante pode efetivamente controlar ou obter o monopólio da rede e estes clientes podem realizar diferentes tipos de acções com base nas instruções do atacante. Podem recusar-se a retransmitir os blocos válidos ou podem retransmitir apenas os blocos gerados pelos atacantes, o que pode levar a uma dupla utilização.

Em linguagem simples, o atacante pode incluir vários nós na rede que podem comprometer coletivamente o mecanismo de Prova de Trabalho.

Solução-

Para evitar ataques Sybil, temos de diversificar as ligações, ou seja, permitir a ligação de saída a um IP por endereço IP / 16. Assim, ao diversificar a rede, espera-se que, se o atacante gerar vários falsos mineiros, o atacante os gere dentro da mesma rede ou sub-rede agrupada.

Ataques de negação de serviço (DOS) :

Neste ataque, o atacante envia uma grande quantidade de dados para um determinado nó, de modo a que esse nó não possa processar transacções normais de Bitcoin. Como resultado, o metabolismo do processo de extração será atrasado, o que desperdiça a energia de computação e, entretanto, o atacante pode também enviar novos nós para a rede, dando origem a um monopólio que não passa de um ataque Sybil.

Solução-

Para evitar ataques DOS, existem várias regras que o bitcoin tem, que são:

- Não há reencaminhamento de blocos órfãos.
- Não há reencaminhamento de transacções de dupla despesa.
- Não há reencaminhamento do mesmo bloco ou transacções
- Desligar um par que envia demasiadas mensagens
- Restringir o tamanho do bloco a 1 MB (1mb de acordo com Satoshi Nakamoto)
- Limitar o tamanho do script bitcoin até 10000 bytes.

1.4 Ethereum

O Ethereum é uma plataforma de cadeia de blocos com a sua própria moeda criptográfica, denominada Ether (ETH) ou Ethereum, e a sua própria linguagem de programação, denominada Solidity.

Enquanto rede blockchain, o Ethereum é um livro-razão público descentralizado para verificar e registar transacções. Os utilizadores da rede podem criar, publicar, rentabilizar e utilizar aplicações na plataforma e utilizar a sua moeda criptográfica Ether como pagamento. Os utilizadores chamam às aplicações descentralizadas na rede "dapps".

. A Enterprise Ethereum Alliance (EEA) também tem alguns membros fundadores de grande nome, incluindo Microsoft, Intel e JPMorgan Chase, de acordo com The Motley Fool. "A adoção do Ethereum pelo mundo corporativo", diz a CNBC, "significa que ele pode eventualmente ser maior do que seu rival em estágio inicial". Isso significa que é hora de conhecer a plataforma Ethereum, incluindo seus recursos e aplicativos, e o que torna o Ethereum diferente do Bitcoin.

O nosso vídeo tutorial Ethereum "Ethereum Explained" explica-lhe tudo, e aqui vamos cobrir o que é discutido no vídeo.

Ethereum

A Ethereum é uma plataforma de computação baseada em blockchain que permite aos programadores criar e implementar aplicações descentralizadas, ou seja, não geridas por uma autoridade centralizada. É possível criar uma aplicação descentralizada para a qual os participantes dessa aplicação específica são a autoridade de tomada de decisões.

Caraterísticas do Ethereum

- Éter: Esta é a moeda criptográfica do Ethereum.
- Contratos inteligentes: O Ethereum permite o desenvolvimento e a implementação destes contratos.
- Máquina virtual Ethereum: A Ethereum fornece a tecnologia subjacente - a arquitetura e o software - que compreende os contratos inteligentes e lhe permite interagir com ela.
- Aplicações descentralizadas (Dapps): O Ethereum permite-lhe criar aplicações consolidadas, chamadas aplicações descentralizadas. Um aplicativo descentralizado é chamado de Dapp (também

conhecido como DAPP, App ou DApp).

- Organizações autónomas descentralizadas (DAOs): O Ethereum permite-lhe criá-las para a tomada de decisões democráticas.

Estas são as caraterísticas essenciais do Ethereum e, antes de nos aprofundarmos no tutorial do Ethereum, vamos discutir cada uma destas caraterísticas em mais pormenor.

Éter

O éter (ETH) é a moeda criptográfica do Ethereum. É o combustível que faz funcionar a rede. É utilizado para pagar os recursos computacionais e as taxas de transação de qualquer transação executada na rede Ethereum. Tal como as Bitcoins, o ether é uma moeda peer-to-peer. Para além de ser utilizado para pagar transacções, o ether também é utilizado para comprar gás, que é utilizado para pagar o cálculo de qualquer transação efectuada na rede Ethereum.

Além disso, se o utilizador quiser executar um contrato no Ethereum, precisará de gás e terá de pagar esse gás em éter. Assim, o gás é a taxa de execução paga por um utilizador para executar uma transação no Ethereum. O éter pode ser utilizado para criar aplicações descentralizadas, criar contratos inteligentes e efetuar pagamentos regulares entre pares.

Contratos inteligentes

Smart_contracts estão revolucionando a forma como os contratos tradicionais funcionavam, e é por isso que você precisa saber sobre eles neste tutorial do Ethereum. Um contrato inteligente é um programa de computador simples que facilita a troca de qualquer ativo valioso entre duas partes. Pode ser dinheiro, ações, propriedades ou qualquer outro ativo digital que você queira trocar. Qualquer pessoa na rede Ethereum pode criar estes contratos. O contrato consiste essencialmente nos termos e condições mutuamente acordados entre as partes (pares).

A principal caraterística de um contrato inteligente é que, uma vez executado, não pode ser alterado e qualquer transação efectuada com base num contrato inteligente é registada permanentemente - é imutável. Assim, mesmo que modifique o contrato inteligente no futuro, as transacções correlacionadas com o contrato original não serão alteradas; não é possível editá-las.

O processo de verificação dos contratos inteligentes é realizado por partes anónimas da rede sem a necessidade de uma autoridade centralizada, e é isso que torna qualquer execução de contrato inteligente no Ethereum uma execução descentralizada.

A transferência de qualquer ativo ou moeda é feita de forma transparente e fiável, e as identidades das duas entidades estão seguras na rede Ethereum. Quando a transação é efectuada com êxito, as contas do remetente e do destinatário são actualizadas em conformidade e, desta forma, gera-se confiança entre as partes.

***a)* Contratos inteligentes vs. sistemas de contratos tradicionais**

Nos sistemas contratuais convencionais, assina-se um contrato e depois confia-se e contrata-se um terceiro para a sua execução. O problema é que, neste tipo de processo, é possível a adulteração de dados. Com os contratos inteligentes, o acordo é codificado num programa. Uma autoridade centralizada não verifica o resultado; ele é confirmado pelos participantes na rede baseada na blockchain da Ethereum. Quando um contrato é executado, a transação é registada e não pode ser alterada ou adulterada, pelo que elimina o risco de qualquer manipulação ou alteração de dados.

Vejamos um exemplo em que uma pessoa chamada Zack deu um contrato de 500 dólares a uma pessoa chamada Elsa para desenvolver o sítio Web da sua empresa. Os programadores codificam o acordo do contrato inteligente utilizando a linguagem de programação do Ethereum. O contrato inteligente contém todas as condições (requisitos) para a construção do sítio Web. Uma vez escrito o código, este é carregado e implementado na máquina virtual Ethereum (EVM).

O EVM é um compilador de tempo de execução para executar um contrato inteligente. Quando o código é implementado no EVM, todos os participantes na rede têm uma cópia do contrato. Quando a Elsa submete o trabalho no Ethereum para avaliação, cada nó da rede Ethereum avalia e confirma se o resultado apresentado pela Elsa foi efectuado de acordo com os requisitos de codificação e, assim que o resultado for aprovado e verificado, o contrato no valor de 500 dólares será auto-executado e o pagamento será efectuado à Elsa em éter. A conta do Zack será automaticamente debitada e a Elsa será creditada com $500 em ether.

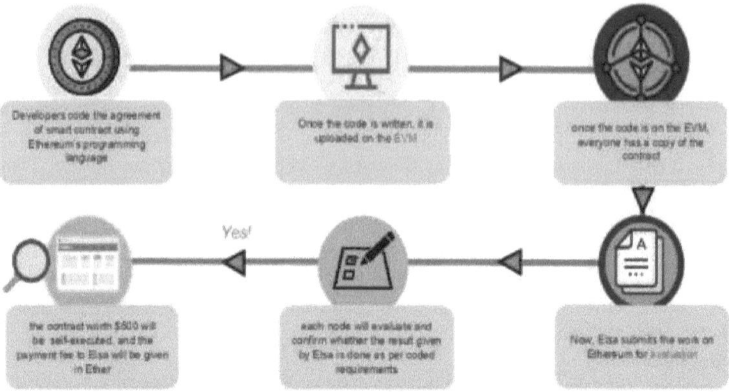

Fig 2.4 Contrato inteligente

Máquina virtual Ethereum

O EVM, como mencionado acima neste tutorial do Ethereum, foi projetado para operar como um ambiente de tempo de execução para compilar e implantar contratos inteligentes baseados no Ethereum. O EVM é o mecanismo que entende a linguagem dos contratos inteligentes, que são escritos na linguagem Solidity para Ethereum. O EVM é operado num ambiente sandbox - basicamente, pode implementar o seu ambiente autónomo, que pode funcionar como um ambiente de teste e desenvolvimento, e pode testar o seu contrato inteligente (utilizá-lo) "n" vezes, verificá-lo e, depois de estar satisfeito com o desempenho e a funcionalidade do contrato inteligente, pode implementá-lo na rede principal Ethereum.

Qualquer linguagem de programação no contrato inteligente é compilada no bytecode, que a EVM compreende. Este bytecode pode ser lido e executado utilizando a EVM. Uma das linguagens mais populares para escrever um contrato inteligente é o Solidity. Depois de escrever o seu contrato inteligente em Solidity, esse contrato é convertido em bytecode e implantado na EVM. Assim, a EVM garante a segurança contra ciberataques.

a)Funcionamento *do EVM*

Suponhamos que a pessoa A quer pagar à pessoa B 10 ethers. A transação será enviada para o EVM utilizando um contrato inteligente para uma transferência de fundos de A para B. Para validar a transação, a rede Ethereum executará o algoritmo de consenso de prova de trabalho.

Os nós mineiros no Ethereum validarão esta transação - quer a identidade de A exista ou não, e se A tem o montante solicitado para transferir. Quando a transação for confirmada, o ether será debitado da carteira de A e creditado na carteira de B. Durante este processo, os mineiros cobrarão uma taxa para validar esta transação e receberão uma recompensa. Todos os nós da rede Ethereum executam contratos inteligentes utilizando os seus respectivos EVM.

b) Prova de trabalho

Cada nó da rede Ethereum tem:

- Todo o historial de todas as transacções - toda a cadeia
- O histórico do contrato inteligente, que é o endereço no qual o contrato inteligente é implementado, juntamente com as transacções associadas ao contrato inteligente
- O identificador do estado atual do contrato inteligente

O objetivo dos mineiros na rede Ethereum é validar os blocos. Para cada bloco de uma transação, os mineiros utilizam o seu poder e recursos computacionais para obter o valor de hash adequado,

variando o nonce. Os mineiros variam o nonce e passam-no por um algoritmo de hashing - no Ethereum, é o algoritmo Ethash.
Isto produz um valor de hash que deve ser inferior ao objetivo predefinido de acordo com o consenso da prova de trabalho. Se o valor de hash gerado for inferior ao valor-alvo, o bloco é considerado verificado e o mineiro é recompensado.
Quando a prova de trabalho é resolvida, o resultado é transmitido e partilhado com todos os outros nós para atualizar o seu livro-razão. Se os outros nós aceitarem o bloco com hash como válido, então o bloco é adicionado à cadeia de blocos principal do Ethereum e, como resultado, o mineiro recebe uma recompensa, que atualmente é de três ethers. Além disso, o mineiro recebe as taxas de transação que foram geradas para verificar o bloco. Todas as transacções que são agregadas no bloco - as taxas de transação cumulativas associadas a todas as transacções são também dadas como recompensa ao mineiro.

c) Prova de aposta

No Ethereum, está também a ser desenvolvido um processo designado por proof of stake. É uma alternativa à prova de trabalho e destina-se a ser uma solução para minimizar a utilização de recursos dispendiosos gastos na extração mineira utilizando a prova de trabalho. Na prova de participação, o mineiro - que é o validador - pode validar as transacções com base no número de moedas criptográficas que detém antes de iniciar efetivamente a extração. Assim, com base na acumulação de moedas criptográficas que o mineiro possui de antemão, ele tem uma maior probabilidade de extrair o bloco. No entanto, a prova de aposta não é muito utilizada atualmente, em comparação com a prova de trabalho.

d) Gás

Tal como precisamos de combustível para fazer funcionar um carro, precisamos de gás para fazer funcionar as aplicações na rede Ethereum. Para efetuar qualquer transação dentro da rede Ethereum, um utilizador tem de fazer um pagamento - desembolsar ethers - para efetuar uma transação, e o valor monetário intermediário chama-se gás. Na rede Ethereum, o gás é uma unidade que mede o poder computacional necessário para executar um contrato inteligente ou uma transação. Assim, se tiver de efetuar uma transação que actualize a cadeia de blocos, terá de desembolsar gás, e esse gás custa éteres.
No Ethereum, as taxas de transação são calculadas através de uma fórmula (ver imagem abaixo). Para cada transação, existe gás e o seu preço correlacionado. A quantidade de gás necessária para executar uma transação multiplicada pelo preço do gás é igual às taxas de transação. O "limite de gás" refere-se à quantidade de gás utilizada para o cálculo e à quantidade de éter que o utilizador deve pagar pelo gás.

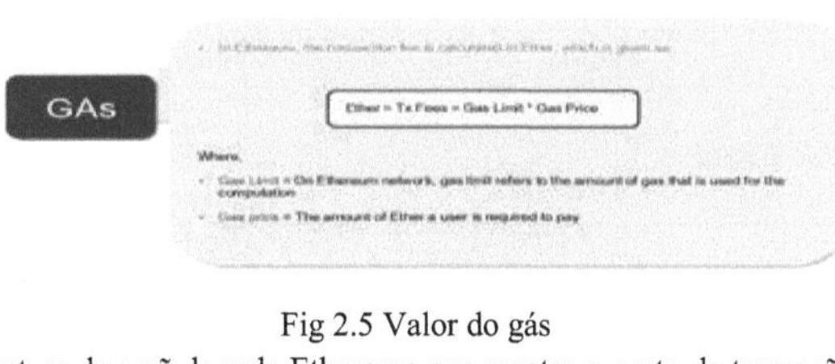

Fig 2.5 Valor do gás

Abaixo está uma captura de ecrã da rede Ethereum que mostra o custo da transação. Pode ver-se que, para esta transação em particular, o limite de gás era de 21 000, o gás utilizado pela transação era de 21 000 e o preço do gás era de 21 Gwei, que é a denominação mais baixa do éter. Assim, 21 Gwei * 21.000 deu as taxas de transação reais: 0,000441 ethers, ou cerca de 21 cêntimos a partir de hoje. Como mencionado, a taxa de transação vai para o mineiro, que validou a transação.

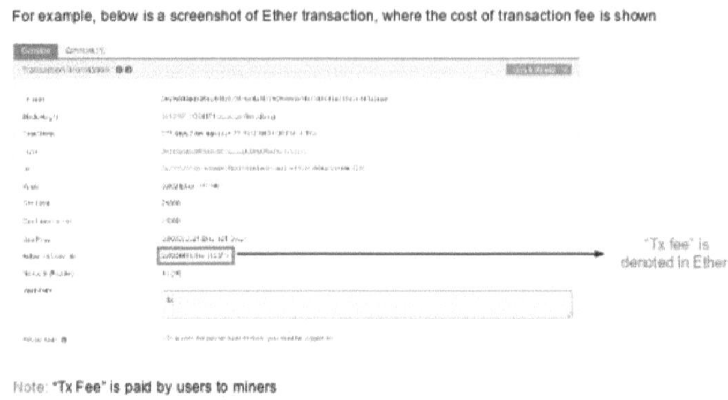

Fig 2.6 Taxas de transação no ethereum

Para compreender o limite de gasolina e o preço da gasolina, vamos considerar um exemplo usando um carro. Suponhamos que o seu veículo tem uma quilometragem de 10 quilómetros por litro e que o valor da gasolina é de $1 por litro. Então, conduzir um carro durante 50 quilómetros custar-lhe-ia cinco litros de gasolina, que valem 5 dólares. Da mesma forma, para realizar uma operação ou executar código no Ethereum, é necessário obter uma certa quantidade de gás, como a gasolina, e o gás tem um preço por unidade, chamado preço do gás.

Se o utilizador fornecer menos do que a quantidade de gás para executar uma determinada operação, então o processo falhará e o utilizador receberá a mensagem "sem gás". E Gwei, como já foi referido, é a denominação mais baixa de éter usada para medir uma unidade de preço de gás.

e) **Mineração de Ethereum Vs. Mineração de Bitcoin**

O algoritmo de hashing é a principal diferença entre a mineração de Ethereum e a mineração de Bitcoin.

A Bitcoin utiliza SHA-256 e a Ethereum utiliza Ethash. O tempo médio de extração de um bloco na Bitcoin é de 10 minutos, enquanto na Ethereum é de 12 a 15 segundos. Atualmente, a recompensa de mineração para a Bitcoin é de 12,5 bitcoins; para a Ethereum é de três ethers mais a taxa de transação - as taxas de transação acumuladas de todas as transacções de um bloco. Em 10 de abril de 2019, o valor de 1 bitcoin era de 5249,03 dólares, enquanto um ether era de 180,89 dólares.

f) Mineração de Ethereum VS Mineração de Bitcoin

Quadro 1: comparação entre Bitcoin e Ethereum

	Bitcoin	Ethereum
Algoritmo de hashing	SHA-256	Etiópia
Tempo necessário para extrair um bloco	Uma média de 10 minutos	Uma média de 12-15 segundos
Recompensa	12,5 BTC	3 ETH
USD - 04/10/2019	1 Bitcoin = 5249.03	1 Éter = 180,89

Abaixo está uma captura de ecrã de uma recompensa Ethereum que foi dada ao mineiro do bloco. Como se pode ver, a recompensa é de três ethers mais o total das taxas de transação acumuladas de todas as transacções subjacentes neste bloco, que são 0,0666 ethers.

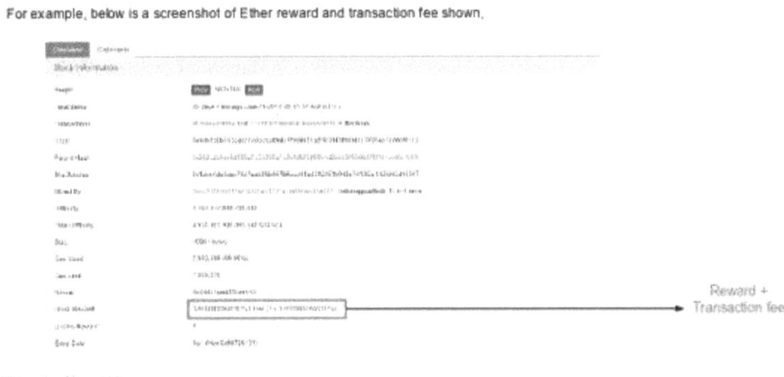

Fig 2.7 Cálculo da recompensa em ethereum

Aplicações descentralizadas (Dapps)

Comparemos as aplicações descentralizadas com as aplicações tradicionais. Quando faz login no Twitter, por exemplo, é apresentada uma aplicação Web que é renderizada utilizando HTML. A página chamará uma API para aceder aos seus dados (as suas informações), que estão alojados centralmente. É um processo simples: o seu front end executa a API de backend, e a API vai buscar os seus dados a uma base de dados centralizada.

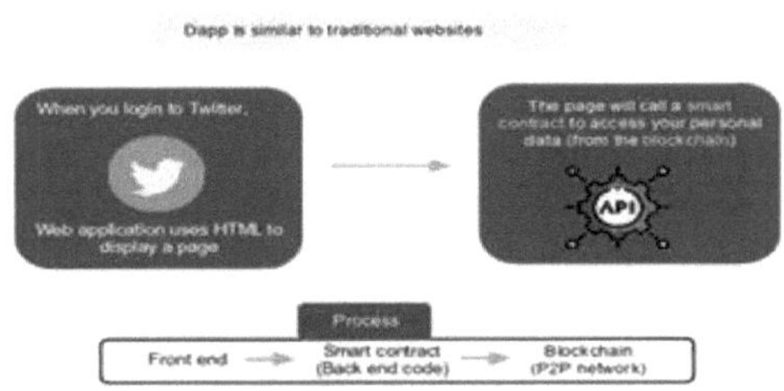

Fig 2.8 Dapps

Se transformarmos esta aplicação numa aplicação descentralizada, quando o utilizador inicia sessão, a mesma aplicação Web é processada, mas chama uma API baseada em contratos inteligentes para ir buscar a informação à rede blockchain. Assim, a API é substituída por uma interface de contrato inteligente, e o contrato inteligente trará os dados da rede blockchain, que é o seu backend.

Essa rede blockchain não é uma base de dados centralizada; é uma rede descentralizada em que os participantes da rede (os mineiros) validam (verificam) todas as transacções que estão a acontecer utilizando o contrato inteligente na rede blockchain. Assim, qualquer transação ou ação que ocorra numa aplicação do tipo Twitter que tenha sido agora transformada será uma transação descentralizada.

Um Dapp consiste num código de apoio que é executado numa rede distribuída peer-to-peer. É um software concebido para funcionar na rede Ethereum sem ser controlado por um sistema centralizado, como mencionado, e essa é a principal diferença: proporciona uma interação direta entre os utilizadores finais e os fornecedores de aplicações descentralizadas.

Um aplicativo se qualifica como um Dapp quando é de código aberto (seu código está no Github) e usa um token público baseado em blockchain para executar seus aplicativos. Um token actua como combustível para a execução da aplicação descentralizada. O Dapp permite que o código e os dados de back-end sejam descentralizados, e essa é a arquitetura principal de qualquer Dapp.

Organizações Autónomas Descentralizadas (DAOs)

Uma DAO é uma organização digital que funciona sem gestão hierárquica; funciona de forma descentralizada e democrática. Basicamente, uma DAO é uma organização em que a tomada de decisões não está nas mãos de uma autoridade centralizada, mas preferencialmente nas mãos de certas autoridades designadas ou de um grupo ou pessoas designadas como parte de uma autoridade. Existe numa rede blockchain, onde é governada pelos protocolos incorporados num contrato inteligente e, assim, as DAOs dependem de contratos inteligentes para a tomada de decisões - ou, podemos dizer, sistemas de votação descentralizados - dentro da organização. Assim, antes que qualquer decisão organizacional possa ser tomada, tem de passar pelo sistema de votação, que é executado numa aplicação descentralizada.

É assim que funciona. As pessoas adicionam fundos através do DAO porque o DAO necessita de fundos para executar e tomar decisões. Com base nisso, é atribuído a cada membro um token que representa a percentagem de acções dessa pessoa no DAO. Esses tokens são usados para votar no DAO, e o status da proposta é decidido com base no máximo de votos. Todas as decisões dentro da organização têm de passar por este processo de votação.

Aplicações reais do Ethereum

Sistemas de votação

Como vimos com o DAO, os sistemas de votação estão a adotar o Ethereum. Os resultados das sondagens estão disponíveis publicamente, garantindo um processo democrático transparente e justo, eliminando as más práticas de votação.

Sistemas bancários

O Ethereum está a ser amplamente adotado nos sistemas bancários porque, com o sistema descentralizado do Ethereum, é um desafio para os hackers obterem acesso não autorizado. Também permite pagamentos numa rede baseada no Ethereum, pelo que os bancos também estão a utilizar o Ethereum como um canal para efetuar remessas e pagamentos.

Expedição

A implantação do Ethereum no transporte marítimo ajuda a rastrear a carga e evita que as mercadorias sejam extraviadas ou falsificadas. O Ethereum fornece a estrutura de proveniência e rastreio para qualquer ativo necessário numa cadeia de abastecimento típica.

Acordos

Com os contratos inteligentes da Ethereum, os acordos podem ser mantidos e executados sem qualquer alteração. Assim, numa indústria com participantes fragmentados, sujeita a litígios e que exige a presença de contratos digitais, o Ethereum pode ser utilizado como tecnologia para desenvolver contratos inteligentes e para registar digitalmente os acordos e as transacções neles baseadas.

2.3 HÍBRIDO POS/POW

Compreender a POW

Na rede blockchain, existem várias formas de validar transacções de forma descentralizada, uma é a Prova de Trabalho (PoW) e a outra é a Prova de Participação (PoS). Agora, como entendemos o conceito de mecanismo de consenso, vamos começar a discutir com o consenso de Prova de Trabalho (PoW).

O princípio central por detrás deste consenso é resolver problemas matemáticos complexos e fazer o maior número de suposições o mais rapidamente possível. Isto requer muito poder computacional e, ao utilizar uma máquina de mineração mais eficiente para executar cálculos, um mineiro consegue maximizar a rentabilidade em termos de recompensas criptográficas. Neste tipo de mecanismo de consenso, os mineiros competem para serem os primeiros a encontrar um hash relativo a um determinado bloco, que só pode ser resolvido utilizando o poder de computação para fazer o maior número de tentativas. Quando um mineiro encontra a solução correta, anuncia-a a toda a rede, recebendo uma recompensa em moeda criptográfica, fornecida pelo protocolo. O Bitcoin é um exemplo clássico que alcança o consenso utilizando a Prova de Trabalho.

O conceito de PdV

O Proof-of-Stake é um algoritmo de consenso que lida com as principais desvantagens do PoW. Neste mecanismo, cada bloco é validado antes de a rede adicionar outro bloco ao registo da cadeia de blocos. Ao contrário do PoW, em que os mineiros têm de resolver puzzles complexos, no PoS, os mineiros podem juntar-se ao processo de extração utilizando as suas moedas para apostar. Permite aos utilizadores minerar para obter recompensas utilizando recursos mínimos de hardware e software. Neste caso, a capacidade de extração de um determinado mineiro depende do número de moedas que já possui; assim, quanto mais moedas tiver, maiores são as hipóteses, o que indica que só os mais ricos podem controlar o consenso. Além disso, uma pessoa com dinheiro suficiente para investir pode comprar uma quantidade insana de moedas, reduzindo assim a descentralização do sistema.

O híbrido de PoW e PoS

Os mecanismos de consenso PoW/PoS híbridos utilizam elementos de ambos os modelos PoW e PoS para determinar os direitos de validação das transacções e, ao fazê-lo, o híbrido visa atenuar os pontos fracos de cada mecanismo de consenso.

Decred é o projeto mais notável para utilizar ambos os mecanismos de consenso (PoW & PoS) em formas reconhecíveis e fundi-los para produzir um mecanismo de consenso híbrido. É uma criptomoeda focada na governação que não utiliza apenas 1 CPU = 1 voto de PoW nem o "1 token = 1 voto" de um consenso de PoS. Em vez disso, opta por uma abordagem híbrida onde as transações na rede Decred são validadas através de um híbrido de ambos os mecanismos de consenso.

Um consenso híbrido começa com os mineiros PoW a criarem novos blocos contendo transacções a serem adicionadas à cadeia de blocos. Uma vez criados estes blocos, os mineiros PoS decidem se os confirmam ou não. Os mineiros PoS compram votos apostando uma parte dos seus tokens. No entanto, em vez de examinar a contagem total de votos, o mecanismo híbrido PoW/PoS escolhe aleatoriamente 5 "votos" para determinar a eficácia do bloco recém-criado; se 3 dos 5 votos escolhidos forem afirmativos, o bloco é adicionado à cadeia de blocos. Em troca destes serviços, os mineiros PoW recebem 60% da recompensa do bloco, os mineiros PoS recebem 30% e os restantes 10% são dedicados aos esforços de desenvolvimento.

É evidente que os algoritmos de consenso tornam versátil a natureza das redes de cadeias de blocos. Mas não é um único algoritmo de consenso que pode ser considerado perfeito. Existem vários outros mecanismos de consenso, como a Prova de Atividade, a Prova de Queima, a Prova de Peso, entre outros.

Semelhante ao Decred, como já discutido, o Hcash é uma criptomoeda descentralizada, de código aberto e de plataforma cruzada que funciona sob o mecanismo de consenso híbrido Pow + PoS. Ele garante que todos os blocos gerados por PoW devem ser verificados por mineradores PoS para que possam entrar na blockchain. Com a participação dos mineiros e das partes interessadas na produção de blocos, o híbrido elimina em grande medida a possibilidade de monopólio do poder de hash e garante a segurança da rede.

2.5 Da criptomoeda à cadeia de blocos 2.0

[st]A tecnologia Blockchain tem de ser uma das maiores inovações do século XXI, dado o efeito de cascata que está a ter em vários sectores, desde o financeiro ao da indústria transformadora, passando pelo da educação. Muitos desconhecem o facto de a história da cadeia de blocos remontar ao início da década de 1990.

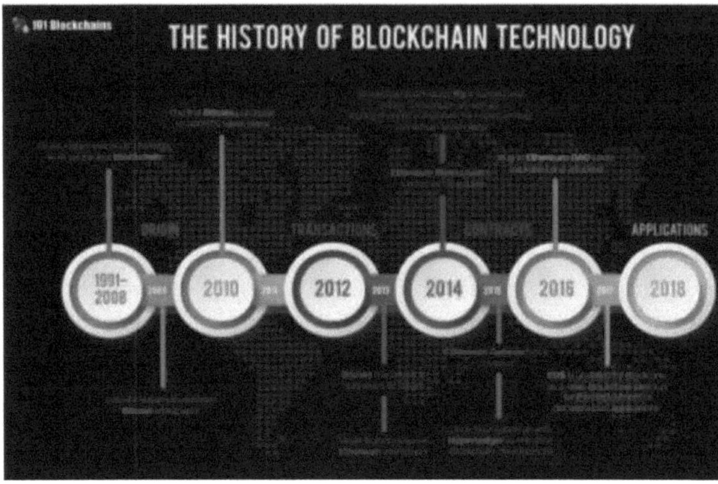

Fig 2.9 Evolução da cadeia de blocos

História da tecnologia Blockchain

É importante saber sobre a história do Blockchain para os entusiastas e aspirantes ao Blockchain. Assim, para ajudar o nosso leitor a conhecer a história da Blockchain e a compreender a Evolução da cadeia de blocos, aqui trazemos um guia detalhado da história da tecnologia da cadeia de blocos com a sua evolução pormenorizada.

1991-2008: Primeiros anos da tecnologia Blockchain

Como surgiu a cadeia de blocos? Stuart Haber e W. Scott Stornetta imaginaram o que muitas pessoas passaram a conhecer como blockchain, em 1991. O seu primeiro trabalho envolveu a criação de uma cadeia de blocos criptograficamente segura, através da qual ninguém poderia adulterar os carimbos de data e hora dos documentos.

Em 1992, melhoraram o seu sistema para incorporar árvores Merkle que aumentaram a eficiência, permitindo assim a recolha de mais documentos num único bloco. No entanto, é em 2008 que a história da Blockchain começa a ganhar relevância, graças ao trabalho de uma pessoa ou grupo de nome Satoshi Nakamoto.

Satoshi Nakamoto é reconhecido como o cérebro por detrás da tecnologia de cadeia de blocos. Sabe-se muito pouco sobre Nakamoto, pois as pessoas acreditam que ele pode ser uma pessoa ou um grupo de pessoas que trabalharam no Bitcoin, a primeira aplicação da tecnologia de registo digital. Nakamoto conceptualizou a primeira cadeia de blocos em 2008, a partir da qual a tecnologia evoluiu e encontrou o seu caminho para muitas aplicações para além das criptomoedas. Satoshi Nakamoto lançou o primeiro livro branco sobre a tecnologia em 2009. No livro branco, forneceu pormenores sobre como a tecnologia estava bem equipada para aumentar a confiança digital, dado o aspeto da descentralização que significava que ninguém controlaria nada.

Desde que Satoshi Nakamoto saiu de cena e entregou o desenvolvimento da Bitcoin a outros programadores principais, a tecnologia do livro-razão digital evoluiu, dando origem a novas aplicações que constituem a história da cadeia de blocos.

Estrutura da cadeia de blocos

Em termos simples, a Blockchain é um livro-razão distribuído peer-to-peer que é seguro e utilizado para registar transacções em muitos computadores. O conteúdo do livro-razão só pode ser atualizado através da adição de outro bloco ligado ao bloco anterior. Também pode ser vista como uma rede peer-to-peer que funciona em cima da Internet.

Em termos leigos ou comerciais, a cadeia de blocos é uma plataforma onde as pessoas podem efetuar transacções de todos os tipos sem a necessidade de um árbitro central ou de confiança.
A base de dados criada é partilhada entre os participantes na rede de forma transparente, podendo todos aceder ao seu conteúdo. A gestão da base de dados é feita de forma autónoma, utilizando redes peer-to-peer e um servidor de registo de tempo. Cada bloco de uma cadeia de blocos é organizado de forma a fazer referência ao conteúdo do bloco anterior.
Os blocos que formam uma cadeia de blocos contêm lotes de transacções aprovadas pelos participantes numa rede. Cada bloco vem com um hash criptográfico de um bloco anterior na cadeia.

Evolução da cadeia de blocos: Fase 1- Transacções

2008-2013: Blockchain 1.0: Surgimento do Bitcoin

A maioria das pessoas acredita que Bitcoin e Blockchain são uma e a mesma coisa. No entanto, não é esse o caso, pois uma é a tecnologia subjacente que alimenta a maioria das aplicações, uma das quais é a das criptomoedas.
A Bitcoin surgiu em 2008 como a primeira aplicação da tecnologia Blockchain. Satoshi Nakamoto, no seu livro branco, descreveu-a como um sistema eletrónico peer-to-peer. Nakamoto formou o bloco de génese, a partir do qual outros blocos foram extraídos e interligados, dando origem a uma das maiores cadeias de blocos com diferentes informações e transacções.
Desde que a Bitcoin, uma aplicação da cadeia de blocos, chegou às ondas do rádio, surgiram várias aplicações que procuram tirar partido dos princípios e capacidades da tecnologia de registo digital. Consequentemente, a história da cadeia de blocos contém uma longa lista de aplicações que surgiram com a evolução da tecnologia.

Evolução da cadeia de blocos: Fase 2- Contratos

2013-2015: Blockchain 2.0: Desenvolvimento do Ethereum

Num mundo em que a inovação está na ordem do dia, Vitalik Buterin faz parte de uma lista crescente de programadores que consideravam que a Bitcoin ainda não tinha chegado lá, quando se tratava de tirar partido de todas as capacidades da tecnologia de cadeias de blocos, sendo um dos primeiros contribuintes para a base de código da Bitcoin.
Preocupado com as limitações do Bitcoin, Buterin começou a trabalhar no que ele achava que seria um blockchain maleável que pode executar várias funções, além de ser uma rede peer-to-peer. A Ethereum nasceu como uma nova cadeia de blocos pública em 2013, com funcionalidades adicionais em comparação com a Bitcoin, um desenvolvimento que se revelou um momento crucial na história da cadeia de blocos.
Buterin diferenciou o Ethereum do Bitcoin Blockchain ao permitir uma função que permite às pessoas registar outros activos, tais como slogans e contratos. O novo recurso expandiu as funcionalidades do Ethereum de ser uma criptomoeda para ser uma plataforma para o desenvolvimento de aplicativos descentralizados também.
Lançada oficialmente em 2015, a cadeia de blocos Ethereum evoluiu para se tornar uma das maiores aplicações da tecnologia de cadeia de blocos, dada a sua capacidade de suportar contratos inteligentes utilizados para executar várias funções. A plataforma de cadeia de blocos Ethereum também conseguiu reunir uma comunidade ativa de programadores que a viu estabelecer um verdadeiro ecossistema.
A cadeia de blocos Ethereum processa o maior número de transacções diárias graças à sua capacidade de suportar contratos inteligentes e aplicações descentralizadas. A sua capitalização de mercado também aumentou significativamente no espaço das criptomoedas.

Evolução da cadeia de blocos: Fase 3- Aplicações

2018: Blockchain 3.0: o futuro

A história e a evolução da cadeia de blocos não se ficam pelo Ethereum e pelo Bitcoin. Nos últimos anos, surgiram vários projectos que tiram partido das capacidades da tecnologia de cadeia de blocos. Novos projectos procuraram colmatar algumas das deficiências da Bitcoin e da Ethereum, para além de apresentarem novas funcionalidades que tiram partido das capacidades da cadeia de blocos.

Alguns dos novos aplicativos de blockchain incluem o NEO, anunciado como a primeira plataforma de código aberto, descentralizada e blockchain lançada na China. Embora o país tenha proibido as criptomoedas, continua ativo no que diz respeito às inovações da cadeia de blocos. A NEO apresenta-se como o Ethereum chinês, tendo já recebido o apoio do CEO da Alibaba, Jack Ma, uma vez que pretende ter o mesmo impacto que o Baidu no país.

Na corrida para acelerar o desenvolvimento da Internet das Coisas, alguns desenvolvedores, portanto, se encaixam, para alavancar a tecnologia blockchain e, no processo, criaram o IOTA. A plataforma de criptomoeda é otimizada para o ecossistema da Internet das coisas, pois se esforça para fornecer taxas de transação zero, bem como processos de verificação exclusivos. Também aborda alguns dos problemas de escalabilidade associados ao Blockchain 1.0 Bitcoin.

Para além da IOTA e da NEO, outras plataformas de cadeia de blocos de segunda geração estão também a ter um efeito de ondulação no sector. As cadeias de blocos Monero Zcash e Dash surgiram como forma de resolver alguns dos problemas de segurança e escalabilidade associados às primeiras aplicações de cadeias de blocos. Apelidadas de Altcoins de privacidade, as três plataformas de cadeia de blocos procuram proporcionar elevados níveis de privacidade e segurança no que respeita às transacções.

A história da cadeia de blocos discutida acima envolve redes públicas de cadeia de blocos, em que qualquer pessoa pode aceder ao conteúdo de uma rede. No entanto, com a evolução da tecnologia, várias empresas começaram a adotar a tecnologia internamente como forma de melhorar a eficiência operacional.

As grandes empresas estão a investir muito na contratação de profissionais, pois procuram ganhar vantagem na utilização da tecnologia. Empresas como a Microsoft e a Microsoft parecem ter assumido a liderança quando se trata de explorar as aplicações da tecnologia blockchain, resultando no que veio a ser conhecido como blockchains privadas, híbridas e federadas.

2015: Hyperledger

Em 2015, a Linux Foundation revelou um projeto Umbrella de blockchain de código aberto. Eles passaram a chamá-lo de Hyperledger, que até hoje atua como desenvolvimento colaborativo de livros-razão distribuídos. Sob a liderança de Brian Behlendorf, o Hyperledger procura promover a colaboração entre indústrias para o desenvolvimento de blockchain e ledgers distribuídos. O Hyperledger centra-se no incentivo à utilização da tecnologia de cadeia de blocos para melhorar o desempenho e a fiabilidade dos sistemas actuais de apoio às transacções comerciais globais.

2017: EOS.IO

A criação da EOS pela empresa privada block.one surgiu em 2017, com a publicação de um livro branco que detalhava um novo protocolo de cadeia de blocos alimentado por uma EOS como moeda criptográfica nativa. Ao contrário de outros protocolos de cadeia de blocos, o EOS tenta emular atributos de computadores reais, incluindo CPU e GPU.

Por esse motivo, o EOS.IO funciona como uma plataforma de contrato inteligente, bem como um sistema operacional descentralizado. O seu principal objetivo é encorajar a implementação de aplicações descentralizadas através de uma corporação autónoma descentralizada.

Quadro 2 Linha cronológica da evolução da cadeia de blocos

Linha do tempo	Cadeia de blocos	Bitcoin	Ethereum
1991 2008	Stuart Haber e Scott Stornetta trabalham no The First Blockchain		
2009		Satoshi Nakamoto lança Livro Branco sobre a Bitcoin	
2010		A primeira compra de	

		Bitcoin 10,000BTC tem lugar	
2013		O mercado de bitcoin ultrapassa os mil milhões de dólares	Vitalik Buterin lança livro branco sobre o Ethereum
2014			A cadeia de blocos Ethereum é financiada por vendas colectivas
2014	A Blockchain Technology R3 é formada e forma um consórcio de mais de 40 legados financeiros para implementar a tecnologia Blockchain		
2014			
2015			Revelada a segunda cadeia de blocos do Ethereum
2015	A Linux Foundation revela o Hyperledger para melhorar o desenvolvimento da cadeia de blocos		
2017	EOS.IO é revelado pela block.one como um novo protocolo blockchain para a implementação de aplicações descentralizadas		
2015 2018	A tecnologia Blockchain continua a evoluir		
Linha do tempo	Cadeia de blocos	Bitcoin	Ethereum
	Representado pelo aumento do número de criptomoedas, bem como pelas empresas que utilizam a tecnologia para aumentar a eficiência		

2020: A história e o futuro da cadeia de blocos

O futuro da tecnologia Blockchain parece promissor, em parte, devido à forma como os governos e as empresas estão a investir em grande escala, procurando estimular inovações e aplicações. Está a tornar-se cada vez mais claro que um dia haverá uma cadeia de blocos pública que qualquer pessoa poderá utilizar.

Os defensores desta tecnologia esperam que ela contribua para a automatização da maior parte das tarefas realizadas pelos profissionais de todos os sectores. A tecnologia já está a ser muito utilizada na gestão de aprovisionamento, bem como no negócio da computação em nuvem. No futuro, a tecnologia deverá também ser utilizada em elementos básicos como os motores de busca na Internet.

À medida que a tecnologia evolui, o Gartner Trend Insights espera que pelo menos um negócio construído em blockchain seja avaliado em mais de US $ 10 bilhões até 2022. Devido à Transformação Digital Blockchain, a empresa de pesquisa espera que o valor do negócio cresça para mais de $ 176 bilhões em 2025 e ultrapasse os $ 3.1 trilhões em 2030. A evolução da tecnologia Blockchain nos últimos anos aumentou a procura de profissionais de Blockchain. As empresas também estão a implementar Blockchain para obter benefícios das aplicações Blockchain.

2.6 Modelo de Blockchain - Algorand

Algorand é uma plataforma de criptomoeda baseada em cadeia de blocos que visa ser segura, escalável e descentralizada. A plataforma Algorand suporta a funcionalidade de contrato inteligente e seu algoritmo de consenso é baseado em princípios de prova de participação e um protocolo de Acordo Bizantino.

Na rede Algorand, o algoritmo de consenso não tem permissões e todos os utilizadores que tenham um saldo Algo podem participar. O algoritmo de consenso funciona em rondas, sendo cada ronda composta por duas fases. A primeira fase é a fase de proposta de bloco, durante a qual os blocos são propostos como o novo bloco; a segunda fase é a fase de finalização do bloco, durante a qual é efectuada uma votação sobre os blocos propostos.

A primeira fase (a fase de proposta de bloco) utiliza os princípios da prova de aposta. Durante esta fase, um comité de utilizadores do sistema é selecionado aleatoriamente, embora de uma forma ponderada, para propor o novo bloco. A seleção do comité é feita através de um processo chamado "cryptographic sortition". Na sortição criptográfica, não existe uma autoridade central que designe quem são os membros do comité e depois comunique essa informação através da rede; em vez disso, cada utilizador determina se faz parte do comité ou não, executando localmente uma Função Aleatória Verificável (VRF). Se a VRF indicar que o utilizador foi escolhido, a VRF devolve uma prova criptográfica que pode ser utilizada para verificar se o utilizador faz parte do comité.

Apenas um determinado utilizador sabe se está no comité, a não ser/até que envie uma mensagem a outros utilizadores indicando que está. A probabilidade de um determinado utilizador fazer parte do comité é influenciada pela "participação" (ou seja, o número de tokens Algo) detida por esse utilizador, proporcionalmente ao tamanho da participação do utilizador. Depois de determinar que está no comité de seleção de blocos, um utilizador constrói um bloco proposto e divulga-o à rede para revisão/análise durante a segunda fase. O utilizador inclui a prova criptográfica do VRF no seu bloco proposto, o que demonstra que o utilizador era de facto um membro elegível do comité.

Na segunda fase (a fase de finalização do bloco), um protocolo de Acordo Bizantino (chamado "BA*") é usado para votar nos blocos propostos. Nesta segunda fase, a classificação criptográfica, tal como descrita acima, é novamente utilizada para determinar um comité; este comité de votação da segunda fase será diferente do comité da primeira fase, embora seja possível que haja uma sobreposição de membros entre os dois comités. Quando os utilizadores tiverem determinado que fazem parte deste comité de votação da segunda fase, analisam os blocos propostos que receberam (o que inclui verificar se foram de facto propostos por utilizadores do comité da primeira fase) e votam se algum dos blocos deve ser adotado ou não. Se o comité de votação chegar a um consenso sobre um novo bloco, então o novo bloco é disseminado pela rede como o novo bloco.

O algoritmo de consenso Algorand possui a caraterística de "substituibilidade de jogadores"; ou seja, como referido anteriormente, a participação nos diferentes comités (tanto na fase de proposta de blocos como na fase de finalização de blocos) muda sempre que a fase é executada. Isto protege os utilizadores contra ataques direcionados, uma vez que um atacante não saberá antecipadamente quais os utilizadores que vão fazer parte de um comité.

O Algorand é resistente a partições arbitrárias, também conhecido como segurança assíncrona. A segurança assíncrona também foi formalmente verificada pela Runtime Verification Inc. e, em comparação com os seus modelos de verificação anteriores, o modelo também tem em conta os problemas de tempo e as acções do adversário, por exemplo, quando o adversário tem controlo sobre a entrega das mensagens.

Contratos inteligentes

A Algorand suporta dois tipos de contratos inteligentes: contratos inteligentes sem estado e contratos inteligentes com estado. Os contratos inteligentes sem estado destinam-se a autorizar transacções; os contratos inteligentes com estado armazenam dados de forma persistente e podem ser utilizados para fins mais amplos.

Os contratos inteligentes Algorand podem ser escritos numa linguagem de programação chamada

Transaction Execution Approval Language (TEAL). TEAL é uma linguagem de pilha baseada em bytecode, com uma interface de programação para Python que é chamada PyTeal. Enquanto alguns modelos de programação de contratos inteligentes são Turing-completos (por exemplo, Solidity é Turing-completo), o modelo de contratos inteligentes Algorand *não* é Turing-completo. O modelo de contratos inteligentes da Algorand suporta a atomicidade das transacções. Em alguns outros sistemas de cadeia de blocos, os contratos inteligentes são utilizados para definir activos definidos pelo utilizador; por exemplo, no Ethereum, os contratos inteligentes implementam as interfaces ERC20 e ERC721 para definir novos activos. Em Algorand, pelo contrário, os activos definidos pelo utilizador são suportados nativamente e os contratos inteligentes Algorand podem manipular os activos definidos pelo utilizador (por exemplo, transferindo a propriedade de determinadas quantidades dos mesmos) utilizando tipos de transação incorporados.

CAPÍTULO III

Primitivas de criptografia, segurança e interconexão de redes públicas e Cadeias de blocos privadas

Programa de estudos

Função Hash e Árvore de Merle - Propriedades de segurança - Considerações de segurança para a cadeia de blocos - Assinatura digital - Criptografia de chave pública - Estruturas de incentivos da cadeia de blocos de Bitcoin - Equilíbrios de Nash - estratégias evolutivas estáveis - e eficiência de Pareto (teoria dos jogos) - Pontos fracos e novos pontos de falha, métodos de atenuação, redundâncias e métodos alternativos.

3.1 Função Hash e Árvore de Merle

Bloco

Com a tecnologia blockchain, cada página de um registo de transacções forma um bloco. Este bloco tem um impacto no bloco ou página seguinte através do hashing criptográfico. Por outras palavras, quando um bloco é concluído, cria um código seguro único, que se liga à página ou bloco seguinte, criando uma cadeia de blocos ou uma cadeia de blocos.

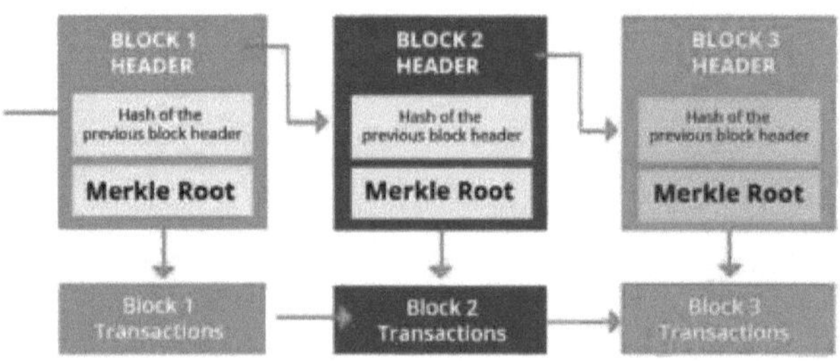

Figura 3.1 Diagrama da cadeia de blocos sobre a forma como os blocos estão ligados

Modelo de funcionamento da cadeia de blocos

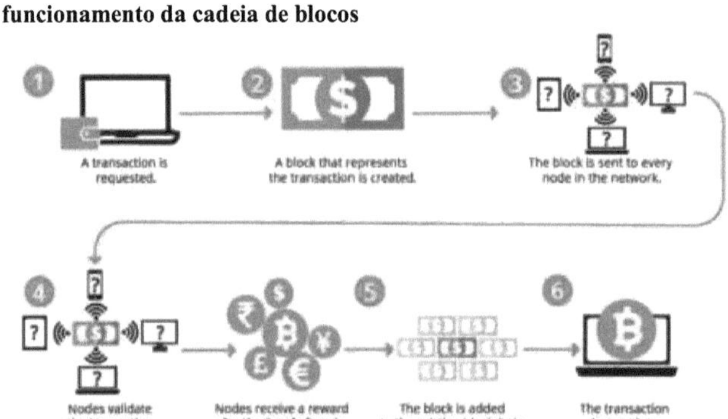

Figura 3.2 Modelo de funcionamento da cadeia de blocos

Diagrama do Blockchain: Apenas quando a transação é verificada e validada, os valores podem ser transferidos para outro local.

Sempre que uma cadeia de blocos é introduzida numa nova transação de cadeia de blocos ou que um novo bloco é adicionado à cadeia de blocos, em geral, são necessários numerosos nós dentro da mesma implementação da cadeia de blocos para executar algoritmos para avaliar, verificar e processar o historial do bloco da cadeia de blocos. Se a maioria dos nós autenticar o histórico e a assinatura do bloco, o novo bloco de transacções da cadeia de blocos é aceite no livro-razão e o novo bloco contendo dados é adicionado à cadeia de blocos. Se não for alcançado um consenso, o bloco não é adicionado à cadeia de blocos. Este modelo de consenso distribuído permite que as cadeias de blocos funcionem como um livro-razão distribuído, sem necessidade de qualquer autoridade central ou unificadora para validar as transacções da cadeia de blocos. Assim, a transação da cadeia de blocos é extremamente segura.

Arquitetura da cadeia de blocos

Quando investigamos o ADN da arquitetura da cadeia de blocos para uma melhor compreensão, temos de analisar vários aspectos que contribuem para esta maravilha tecnológica disruptiva.

Como é que a cadeia de blocos funciona? Estes aspectos incluem a plataforma da cadeia de blocos, os nós, as transacções que compõem os blocos, as implementações de segurança e o processo de adição de novos blocos à cadeia. A arquitetura da cadeia de blocos é, sem dúvida, complexa, mas assim que a compreender, familiarizar-se-á com a mesma.

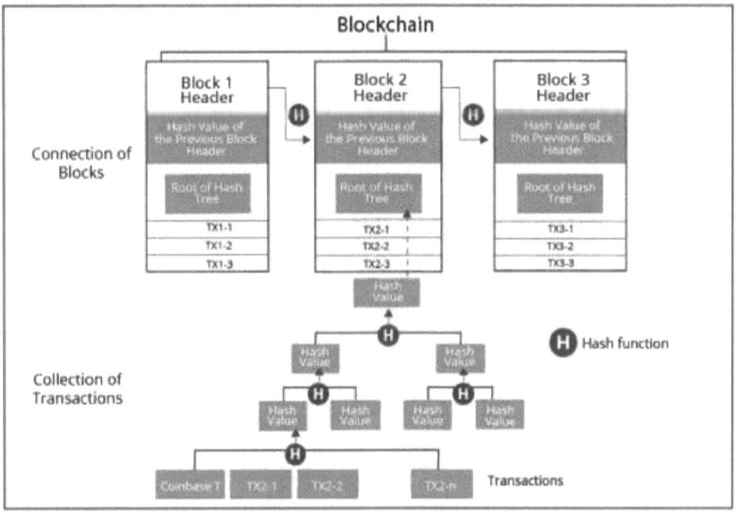

Figura 3.3 Representação arquitetónica básica de uma cadeia de blocos.

Com os blocos sendo conectados uns aos outros por meio de seus respectivos códigos hash, todo o ecossistema de blockchain se torna um Fort Knox tecnicamente. Sempre que um sinalizador de transação de cadeia de blocos é levantado, é necessário obter um consenso de cadeia de blocos para atualizar o mesmo na cadeia de blocos. Em vez de depender de terceiros para mediar as transacções, os nós membros da rede blockchain seguem um protocolo de consenso blockchain para chegar a acordo sobre o conteúdo do livro-razão e hashes criptográficos e assinaturas digitais para garantir a integridade das transacções. Uma vez autenticadas, estas transacções em cadeia de blocos são consideradas bem sucedidas e irreversíveis. As transacções dependem muito de valores de hash e funções de hash. Estas funções de hash são processos matemáticos que recebem dados de entrada de qualquer tamanho, efectuam as operações necessárias e devolvem os dados de saída de um tamanho fixo. Estas funções podem ser utilizadas para receber uma cadeia de qualquer comprimento como entrada e devolver uma sequência de letras de um comprimento fixo. Esta funcionalidade das funções de hash torna-as aptas para o processamento de transacções. Independentemente do tamanho das transacções, o resultado final será sempre fixo e inalterado.

Depois de nos depararmos com o termo "hashing" tantas vezes, tornou-se uma questão de necessidade inata para nós compreendermos o que é que o hashing representa. Além disso, vamos lançar alguma luz sobre a "identidade" dos blocos. Sob o capô das cadeias de bloqueio, o hashing é necessariamente um processo que ajuda a diferenciar os blocos. O processo de hashing confere aos blocos de uma cadeia de blocos uma identidade única. Tecnicamente, os blocos de uma cadeia de blocos são identificados pelo seu hash, que serve tanto para a identificação como para a verificação da integridade. Uma cadeia de identificação que também fornece a sua própria integridade é designada por identificador auto-certificante. As funções de hashing geram chaves públicas. Eis um exemplo relativo ao hashing para uma cadeia de blocos de bitcoin. O Bitcoin usa a função de hash SHA-256 que produz um código de hash de tamanho 256 bits ou 32 bytes.

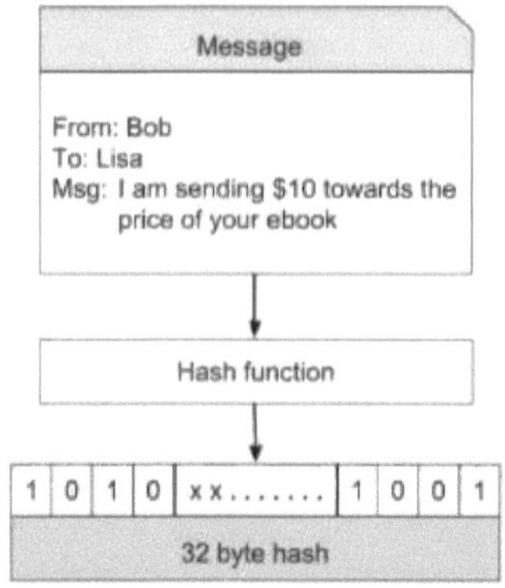

Figura 3.4 Mensagem Hash

Diagrama da cadeia de blocos: O Bob, ao fazer uma encomenda à Lisa, cria uma mensagem como a que é mostrada acima. Esta mensagem é submetida a um hash através de uma função de hash que produz um código de hash de 32 bytes. A vantagem do hash é que, para todos os efeitos práticos, ele pode ser considerado único para o conteúdo da mensagem. Se a mensagem for modificada, o valor do hash será alterado. Isto torna impossível a reconstrução da mensagem original. A pirataria, portanto, é um sonho distante com as funções de hash.

Chaves criptográficas e assinaturas digitais

Como a informação na cadeia de blocos é transferida através de redes peer-to-peer (P2P) em todo o mundo, são incorporadas chaves criptográficas para enviar dados através da rede sem comprometer a segurança e a integridade. Estas chaves não só permitem que as cadeias de blocos respeitem a privacidade dos utilizadores, como também mantêm a propriedade dos activos e protegem as informações dos blocos na rede. A criptografia é aplicada em toda a cadeia de blocos em todas as informações armazenadas e transaccionadas. Isto fornece aos utilizadores uma prova criptográfica que serve de base para confiar na legitimidade da reivindicação de um utilizador relativamente a um ativo na cadeia de blocos. Os hashes criptográficos também ajudam muito, pois garantem que mesmo a mais pequena alteração a uma transação resultará no cálculo de um valor hash diferente, o que acabará por indicar uma alteração clara no histórico de transacções. Enquanto as chaves criptográficas são necessárias para a segurança e integridade, as assinaturas digitais fornecem verificação e autenticação de propriedade na cadeia de blocos. Utilizando assinaturas digitais criptográficas, um utilizador pode assinar uma transação que comprove a propriedade desse ativo e qualquer pessoa na cadeia de blocos pode verificar digitalmente se a identidade é verdadeira.

Nós da cadeia de blocos

Em termos simples, cada participante de uma rede blockchain é um nó. Sendo uma rede descentralizada onde não existe uma autoridade central, os nós da cadeia de blocos têm um grande valor. Existem vários tipos de nós de blockchain, e cada um deles requer configurações de hardware específicas para ser hospedado ou conectado. Basicamente, existem dois tipos de nós: nós completos e nós leves. Estes tipos compreendem uma constelação de uma variedade de nós que estão agrupados sob eles.

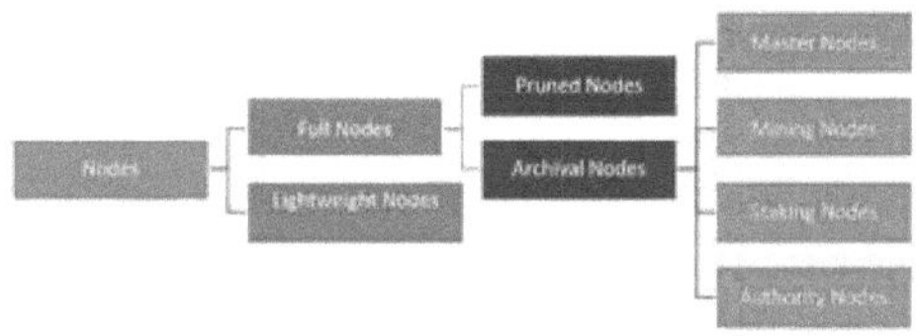

Figura 3.4 Nós da cadeia de blocos

Os nós completos actuam como um servidor numa rede descentralizada. As suas principais tarefas incluem a manutenção do consenso entre outros nós e a verificação das transacções. Também armazenam uma cópia da blockchain, podendo assim ativar com segurança funções personalizadas, como o envio instantâneo e as transacções privadas. Ao tomar decisões para o futuro de uma rede, os nós completos são os que votam nas propostas.

Nós completos podados: A caraterística específica aqui é que estes nós começam a descarregar blocos desde o início e, quando atingem o limite definido, os mais antigos são eliminados, mantendo apenas os seus cabeçalhos e a colocação em cadeia.

Nós completos de arquivo: É a estes que a maioria das pessoas se refere quando fala de nós completos. Estes nós prevêem um servidor que aloja a Blockchain completa na sua base de dados.

Em comparação com os nós completos, os nós mestres não podem adicionar blocos à cadeia de blocos. O seu único objetivo é manter um registo das transacções e validá-las. Quer sejam nós de mineração ou de staking, são eles que escrevem blocos na blockchain.

Os nós leves ou de verificação de pagamento simples (SPV), por outro lado, são utilizados nas operações quotidianas de criptomoeda. Estes nós comunicam com a cadeia de blocos enquanto dependem de nós completos para lhes fornecerem os conjuntos de informação necessários. Não armazenam uma cópia da cadeia de blocos, mas apenas consultam o estado atual do último bloco. Além disso, transmitem transacções a outros nós da rede para processamento.

Consenso da cadeia de blocos

O conjunto de regras pelas quais uma rede blockchain funciona e valida as informações dos blocos é conhecido como "consenso".

Figura 3.5 Consenso na cadeia de blocos

Uma vez que as criptomoedas operam numa rede P2P descentralizada, não será errado assumir que surgirão complicações quando for necessário tomar uma decisão. É aqui que o consenso se torna útil. Embora o consenso deva ser alcançado por um determinado tipo de nós, nas redes P2P qualquer utilizador pode tornar-se um nó completo e, assim, ganhar supremacia sobre os outros. Quando pelo menos 51% dos nós concordam com algo, a decisão é validada em nome de toda a cadeia de blocos. Esta regra dos 51% pode mesmo resultar em ameaças. A ameaça mais comum a uma cadeia de blocos é o ataque de 51%, em que mais de metade dos nós estão concentrados numa entidade. Isso abre caminho para que a entidade altere as regras de consenso como bem entender, o que pode levar a um monopólio.

Prova de trabalho em cadeia de blocos

Um mecanismo de consenso popular para cadeias de blocos, a Prova de Trabalho é um requisito através do qual podem ser efectuados cálculos dispendiosos, também designados por mineração, para facilitar as transacções na cadeia de blocos. Embora possa ser difícil para os nós gerar um bloco válido, é bastante fácil para a rede validar a autenticidade do bloco. Isto é conseguido através de funções hash. Uma vez que os hashes são bastante sensíveis a alterações e mesmo pequenas modificações resultarão num resultado hash completamente diferente, podem ser utilizados para validar e proteger blocos.

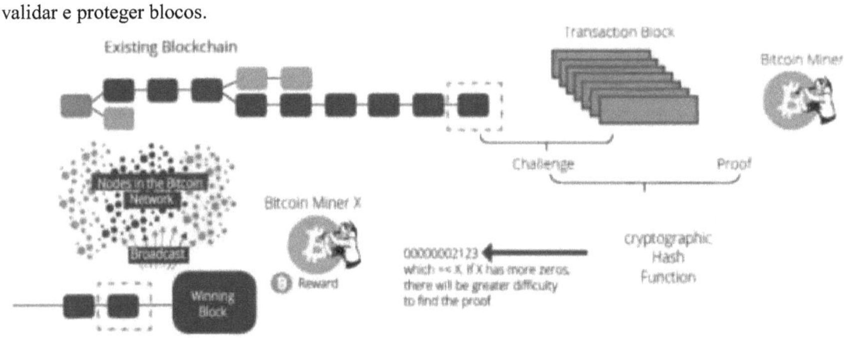

Figura 3.6 Exploração mineira de Bitcoin

Para que um bloco seja confirmado como válido, os mineiros têm de gerar dois hashes: um hash de todas as transacções do bloco e um hash que prove que gastaram a energia necessária para gerar o bloco, resolvendo um puzzle criptográfico especial com um nível de dificuldade predefinido. A dificuldade de resolver o puzzle pode ser ajustada automaticamente nos sistemas de **Prova de Trabalho** para criar um período de tempo consistente para os blocos que devem ser adicionados à cadeia de blocos. Em resumo, um mineiro cria um bloco de transacções válidas. Além disso, o minerador executa um algoritmo de Prova de Trabalho sobre ele para encontrar um hash válido. Quando um bloco válido é gerado, o bloco é adicionado ao blockchain, e o minerador recebe taxas de rede e a criptomoeda recém-criada.

Protocolos de cadeia de blocos

Uma vez que as cadeias de blocos estão a ser implementadas a um ritmo exponencial para tudo, desde as transacções financeiras transfronteiriças à gestão da cadeia de abastecimento, a falta de escalabilidade tem sido um problema constante desde a génese das cadeias de blocos. À medida que mais computadores se juntam à rede P2P, a eficiência de todo o ecossistema da cadeia de blocos deteriora-se normalmente. Através do processo de sharding, uma forma de particionamento, os mineiros de blockchain podem manter uma taxa de transferência consistente em toda a rede. Os protocolos de cadeia de blocos, no entanto, exigem uma atenção constante para o seu funcionamento eficiente.

Quadro 3.1 Caraterísticas do protocolo da cadeia de blocos

Cadeia de blocos Caraterísticas do protocolo	Cada parte mantém a sua própria cópia da informação e todos os nós devem validar as actualizações coletivamente.
	A informação pode representar transacções, contratos, activos, identidades ou praticamente qualquer outra coisa que possa ser descrita em formato digital.
	Os registos são permanentes, transparentes e pesquisáveis, o que permite aos membros da comunidade verem os históricos das transacções na sua totalidade.
	Cada atualização é um novo bloco adicionado ao final de uma cadeia. Um

	protocolo gere a forma como as novas edições ou entradas são iniciadas, validadas, registadas e distribuídas.
	A criptologia substitui os intermediários terceiros como guardiões da confiança, com todos os participantes na cadeia de blocos a executarem algoritmos complexos para certificar a integridade do todo.

Os principais protocolos de cadeias de blocos estão listados abaixo:

- **Bitcoin:** A primeira aplicação de cadeias de blocos, a Bitcoin permite que os utilizadores efectuem transacções não reversíveis sem confiança. Este protocolo inclui tecnologias como hash, assinatura digital, criptografia de chave pública, rede P2P, prova de trabalho e mineração de prova de trabalho.
- **Ethereum:** Conhecido pelos contratos inteligentes, o Ethereum possui uma criptomoeda nativa, o Ether, e uma carteira Ethereum. Este protocolo permite aos utilizadores criar aplicações descentralizadas e organizações autónomas democráticas.
- **Ripple:** O Ripple suporta tokens que são utilizados para representar moeda fiduciária, outras criptomoedas, mercadorias ou outras unidades de valor, como minutos de telemóvel e milhas de passageiro frequente.
- **Hyperledger:** Desenvolvido pela Linux Foundation em 2015, o Hyperledger suporta Python, políticas de aprovação de transacções e canais confidenciais para a partilha de informações privadas.
- **Openchain:** Um protocolo de cadeia de blocos escalável e seguro, o Openchain é adequado para organizações que pretendam emitir e gerir os seus activos digitais.
- **IOTA:** Conhecida pelo seu livro-razão de distribuição sem blocos "Tangle", a IOTA permite pagamentos infinitesimalmente pequenos sem cobrar taxas adicionais.
- **Lisk:** Um protocolo de cadeia de blocos relativamente novo, o Lisk permite o desenvolvimento de
aplicações descentralizadas em JavaScript puro.
- **BigchainDB:** Este sistema de código aberto começa com uma base de dados distribuída de grandes volumes de dados e depois acrescenta caraterísticas de cadeia de blocos à rede, incluindo controlo descentralizado e transferências de activos digitais.

Hashing de cadeia de blocos

O hashing, ou algoritmo de hashing, é um processo unidirecional que converte os seus dados de entrada de qualquer tamanho em dados cifrados de comprimento fixo.

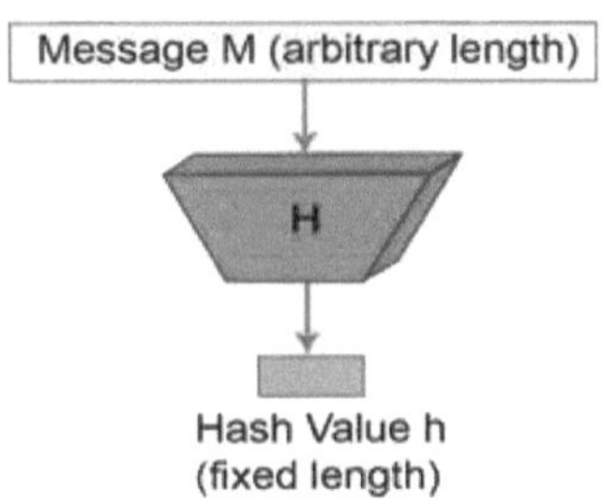

Um exemplo de uma função de hash

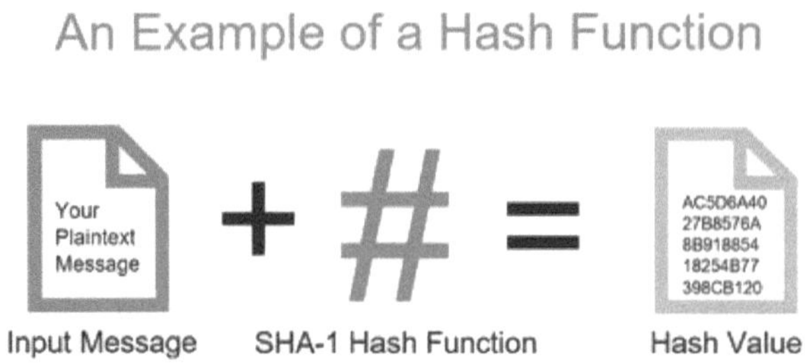

Figura 3.7 Mensagem Hash

Uma função hash é um mapeamento unidirecional.

Isto significa que pode receber uma entrada (a entrada é normalmente uma grande sequência de bits); Pode ser um filme, uma música, um livro eletrónico, uma imagem ou qualquer dado digital) e produzir um valor de tamanho fixo como saída, frequentemente muito mais pequeno do que o tamanho de entrada.

No entanto, se eu alterar apenas um bit nesta entrada, a saída será completamente diferente.

as funções hash são unidireccionais.

O hash de saída é uma sequência de bits aleatórios de comprimento fixo.

formato hexadecimal e tem um aspeto alfanumérico.

Propriedades de hash

- Comprimento fixo
- Único
- Função unidirecional
- Por exemplo:- SHA256

Hash - Exemplo -1

SHA 256

Entrada

de: pessoa1

para: pessoa2

montante: 5000

Haxixe

A1BA93299F5836B8A58543CAD52B8818F0C95F12991635609B0F7CAAF6388A58

Hash - Exemplo -1

SHA 256

Entrada

de: pessoa1

para: pessoa2

quantidade: **5001**

Haxixe

C677256A3CD1F73CD4476204BCA19050E0A11AB11FAEBF14CD7B37FB696F73C5

Caraterísticas da função de hash

- Garantir a integridade dos dados.
- Servir como um cheque-sum
- O resumo do hash muda completamente quando qualquer conteúdo da mensagem de correio eletrónico é modificado depois de ter sido assinado digitalmente
- Proteger contra modificações não autorizadas.
- A mais pequena das alterações a uma mensagem resultará na criação de um valor hash totalmente novo.

- Proteger as palavras-passe armazenadas
- O que os sítios Web costumam fazer é processar as palavras-passe em hash para gerar valores de hash.
- Funcionam a diferentes velocidades para se adaptarem a diferentes objectivos.
- Diferentes funções de hash servem diferentes objectivos, dependendo da sua concepção e velocidades de hash

Funções de hash populares

Message Digest (MD) - Função de hash MD5 de 128 bits. fornece garantias sobre a integridade do ficheiro transferido.

Função de hash segura (SHA) Função de hash de 160 bits

Cada bloco tem os seguintes componentes principais: ***dados, hash, hash anterior e metadados (carimbo de data/hora, número do bloco).***

- *Os dados de* um bloco podem ser uma simples cadeia de caracteres como "Blockchain Data Structure" ou uma lista de transacções
- *O hash* é um identificador único para um bloco e é análogo a uma impressão digital de um ser humano
- *Previous Hash* é o valor de hash do bloco anterior na cadeia de blocos
- *Os metadados são informações sobre os dados; por exemplo, número de bloco, registo de data e hora, etc.*

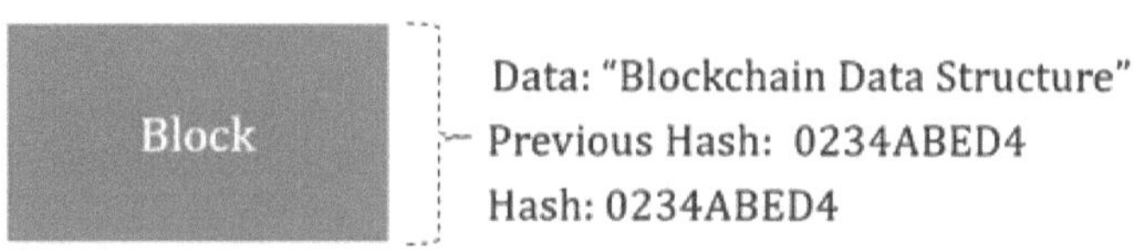

Figura 3.8 Estrutura de dados da cadeia de blocos

O hash é calculado por algoritmos criptográficos utilizados na cadeia de blocos. Estes tomam os dados de um bloco e o seu valor de hash anterior como entrada e determinam o seu hash.

Hash = function(data, previous hash, metadata)

É gerado um valor de hash único diferente para diferentes combinações de valores de hash e dados anteriores. A demonstração disponível ***aqui*** [2] permite-lhe gerar hash para diferentes conjuntos de dados. Verá que o hash é completamente alterado mesmo que haja uma pequena alteração nas entradas, ou seja, nos dados e no hash anterior.

Como ilustrado abaixo, os blocos são ligados criptograficamente através de *hash* ; ou seja, *o hash* de um bloco é igual ao *hash anterior* do bloco que o sucede na cadeia de blocos. O primeiro bloco de uma cadeia de blocos chama-se "Bloco Génesis" e o seu *hash anterior* é zero, uma vez que não existe nenhum bloco que o preceda. A correspondência entre o *hash* de um bloco e o valor do *hash anterior* do bloco seguinte é obrigatória para que a cadeia de blocos seja considerada válida.

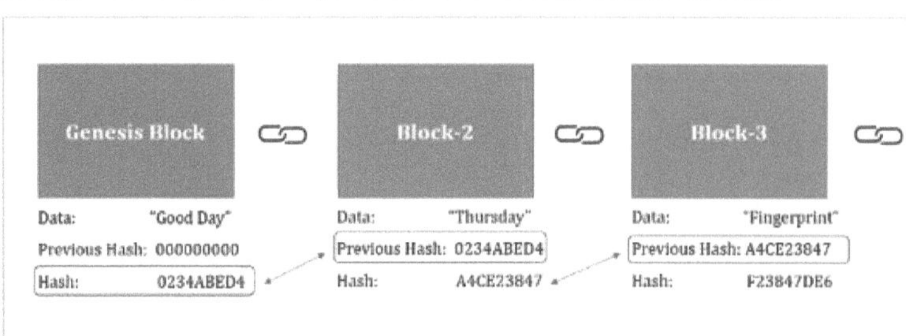

Figura 3.9 Blocos numa cadeia de blocos ligados criptograficamente através de hash

Principais propriedades dos algoritmos de hash seguro (SHA)

O SHA-256 utilizado na Bitcoin é um dos exemplos de um algoritmo de hashing criptográfico. O SHA-256 gera sempre um valor de hash de 256 caracteres, independentemente do tamanho dos dados de entrada. Os algoritmos de hash seguros utilizados na cadeia de blocos devem ter as seguintes propriedades

- O mesmo valor de hash deve ser sempre gerado para a mesma entrada
- O hash deve ser calculado a partir dos dados, mas não deve ser possível derivar dados a partir do hash
- Mesmo uma pequena alteração nos dados deve alterar completamente o valor de hash
- O algoritmo deve ser capaz de calcular o hash rapidamente

Os mesmos dados de entrada produzem o mesmo hash, mas uma única alteração muda completamente o hash. O resultado retornado é a impressão digital verificável. O Bitcoin usa a função hash SHA256 que retorna uma impressão digital fixa de 256 bits.

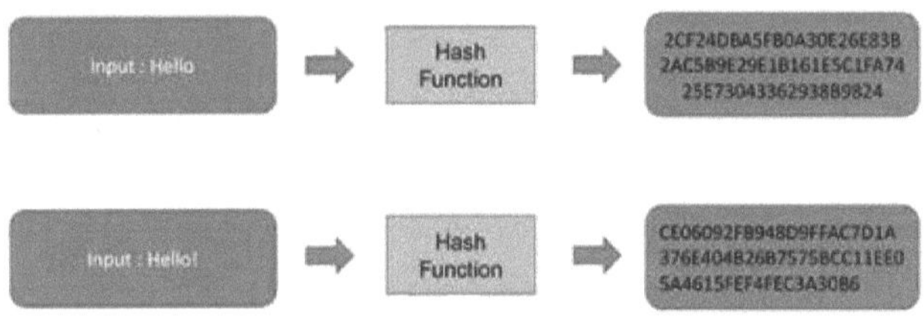

Figura 3.10 Mensagens de hash

A cadeia de blocos é designada por **livro-razão imutável** porque armazena um registo de transacções em blocos que não podem ser alterados, uma vez criados. Podem ser acrescentados novos blocos à cadeia de blocos, mas os dados dos blocos existentes não podem ser alterados. Se um ator malicioso alterar os dados de um bloco, o hash desse bloco é alterado e não corresponde ao valor de hash anterior do bloco seguinte. O sistema de cadeia de blocos apercebe-se deste facto e torna inválida a alteração dos dados.

Integridade dos dados

A cadeia de blocos é distribuída a todos os pares na rede de cadeias de blocos em tempo real. A solução de cadeia de blocos procura actualizações constantemente e replica a cadeia de blocos que se encontra na maioria dos sistemas dos intervenientes na rede.

A natureza imutável da cadeia de blocos, combinada com a sua estrutura descentralizada, garante a integridade dos dados, uma vez que é extremamente difícil adulterar os dados de toda a cadeia de blocos na maioria dos sistemas de uma cadeia de blocos em segundos, especialmente quando existem numerosas entidades na cadeia de blocos. A única possibilidade de um ator malicioso ser bem sucedido na adulteração da cadeia de blocos é quando esse ator tem mais poder computacional do que o resto da rede de cadeias de blocos combinada. É o chamado ataque de 51%.

Utilização de hashes criptográficos Prova de trabalho

- O bloco contém transacções a validar e o valor hash anterior.
- Escolhe um número tal que H(prev hash, nounce, Tx) < E. E é uma variável que o sistema especifica. Basicamente, isto equivale a encontrar um valor de hash cujos bits iniciais sejam zero. O trabalho necessário é exponencial no número de bits zero necessários.

- A verificação é fácil. Mas a prova de trabalho é difícil.

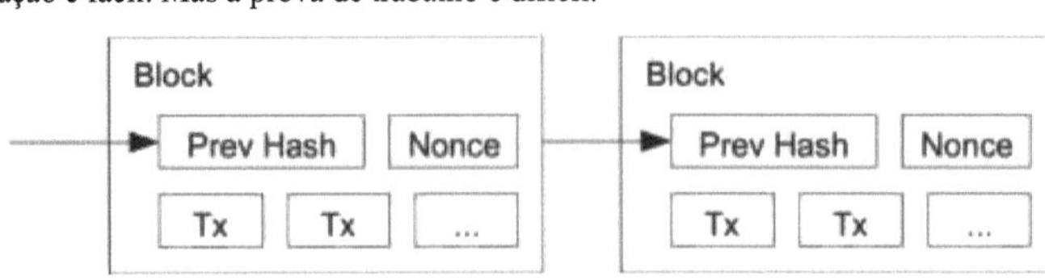

Figura 3.11 Bloco

Árvore de Merkle

O conceito foi patenteado pelo Professor Ralph Merkle em 1979. Atualmente, ajuda a resolver problemas em grandes redes descentralizadas.

- Uma árvore de Merkle é uma estrutura de dados que é utilizada para a verificação segura de dados numa grande
conjunto de conteúdos.
- É igualmente eficaz e coerente no que respeita à verificação dos dados.
- Tanto o Ethereum como o Bitcoin utilizam Árvores de Merkle.

Problema na cadeia de blocos :

- Cada dado é copiado entre os nós. Por isso, é um desafio aceder eficazmente aos dados.
- O desafio consiste também em fazer uma cópia dos dados e partilhá-la entre os nós. Além disso, os dados partilhados têm de ser verificados para cada um dos nós receptores.

Solução :

- As Merkle Trees permitem que as blockchains descentralizadas partilhem dados, os verifiquem e os tornem fiáveis.
- As árvores de Merkle são estruturas de dados em que o nó não-folha é definido como um valor de hash dos seus respectivos nós filhos.

A árvore de Merkle é invertida para baixo, onde os nós folha são o nó mais baixo.

No centro das árvores de Merkle, precisamos de aprender três termos importantes. São os seguintes:

- Raiz de Merkle
- Nós de folha
- Nós não foliares
- É uma árvore de cabeça para baixo
- A árvore é capaz de resumir um conjunto inteiro de transacções por si só. Isto significa que o utilizador pode verificar se uma transação faz parte do bloco ou não.

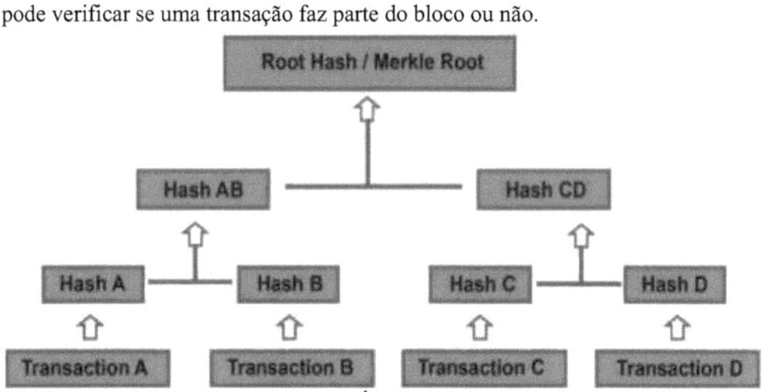

Figura 3.12 Árvore de Merkle

A árvore de Merkle é uma estrutura de dados completa sob a forma de uma árvore, em cujos vértices das folhas se encontram hashes de blocos de dados, com os vértices interiores a conterem hashes de adicionando valores nos vértices filhos. Isto liga todos os elementos com informação entre si. No final, o resultado é o seguinte.

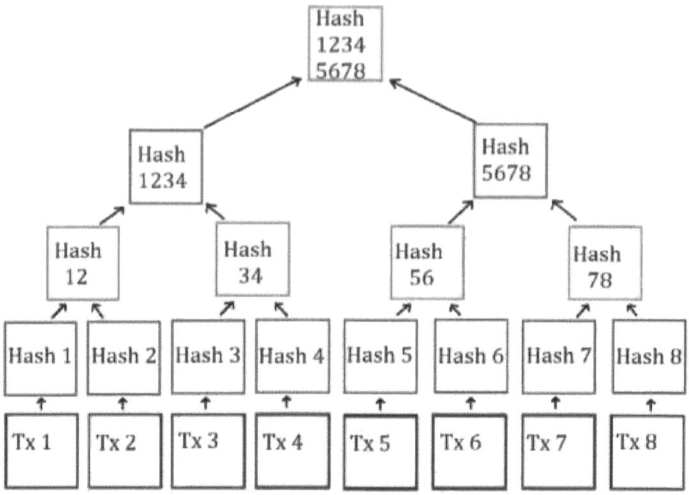

Figura 3.13 Exemplo de árvore de Merkle

Um hash é o resultado da conversão de uma função de hash. É uma função que converte uma matriz de dados de entrada de comprimento arbitrário numa cadeia de saída de um comprimento especificado, de acordo com um algoritmo específico.

- Para que as árvores de Merkle funcionem, é utilizado o hasing. Simplesmente faz o hashing dos pares de nós repetidamente até que reste apenas um valor hash.
- O valor hash da esquerda é conhecido como Merkle Root ou Root Hash.
- A árvore é criada de baixo para cima utilizando os hashes das transacções individuais.
- Os hashes de transação individuais são também conhecidos como IDs de transação.
- Os nós folha são os nós que contêm hashes de dados transaccionais.
- No caso dos nós não-folha, estes armazenam o hash dos dois hashes anteriores.
- Outra propriedade importante das árvores de Merkle é o facto de serem binárias por natureza.
- Isto significa que é necessário que os nós de folha sejam iguais para que funcione.
- No caso de haver um número ímpar de nós folha, duplicará simplesmente o último hash e torná-lo-á par.

Árvore de Merkle com número ímpar de transecções

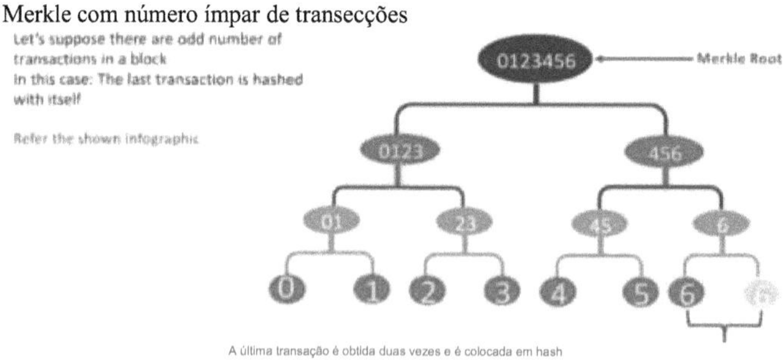

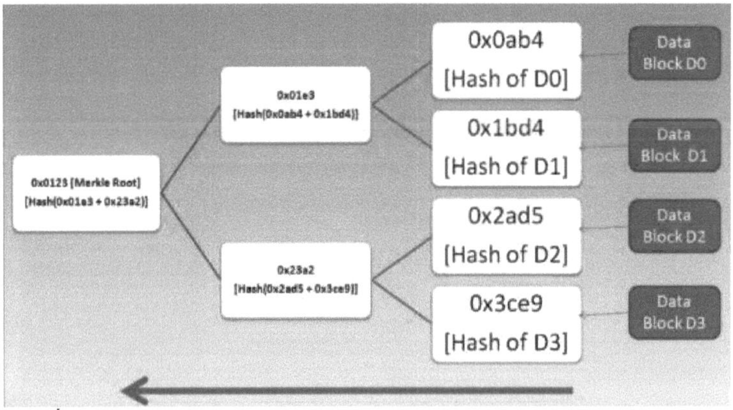

Figura 3.14: Árvore de Merkle com quatro blocos de dados D0, D1, D2 e D3

- É uma estrutura de dados em árvore em que cada nó folha é rotulado com o hash de um bloco de dados.
- Uma árvore de Merkle armazena todas as transacções de um bloco, produzindo uma impressão digital de todo o conjunto de transacções.
- Permite ao utilizador verificar se uma transação pode ou não ser incluída num bloco.
- As árvores de Merkle são criadas através do cálculo repetido de hashing de pares de nós até restar apenas um hash.
- Este hash é designado por Merkle Root ou Root Hash.
- As árvores de Merkle são construídas numa abordagem de baixo para cima.
- Cada nó folha é um hash de dados transaccionais e o nó não folha é um hash dos seus hashes anteriores.
- As árvores de Merkle estão numa árvore binária, pelo que requerem um número par de nós de folhas.

• Se houver um número ímpar de transacções, o último hash será duplicado uma vez para criar um número par de nós folha.

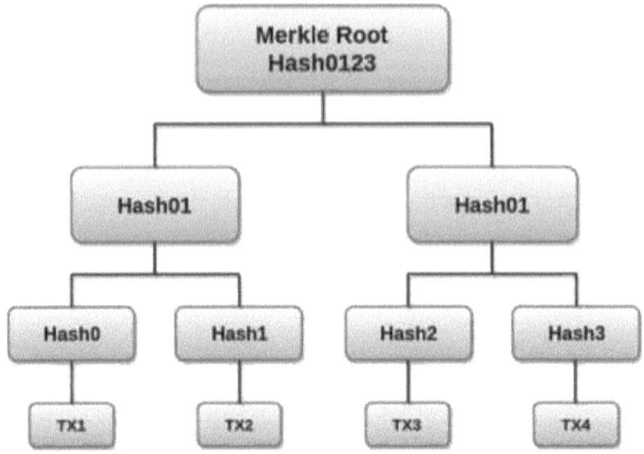

Figura 3.15: Árvore de Merkle

• A Merkle Root é armazenada no cabeçalho do bloco. O cabeçalho do bloco é a parte do bloco de bitcoin que recebe o hash no processo de mineração.
• Contém o hash do último bloco, um Nonce e o Root Hash de todas as transacções do bloco atual numa árvore de Merkle.
• Assim, ter a raiz Merkle no cabeçalho do bloco torna a transação inviolável.
• Como este Root Hash inclui os hashes de todas as transacções do bloco, estes pode resultar na poupança de espaço em disco.

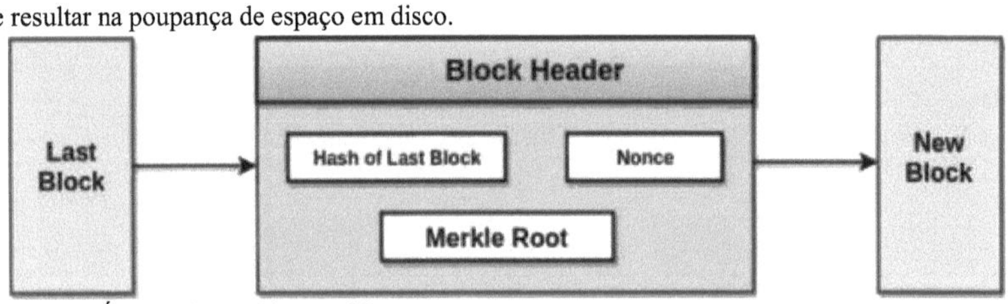

Figura 3.16 : Árvore de Merkle com bloco

• A árvore de Merkle mantém a integridade dos dados. Se algum detalhe das transacções ou a ordem das transacções for alterada, essas alterações reflectem-se no hash dessa transação.
• Esta alteração seria efectuada em cascata na árvore de Merkle até à raiz de Merkle, alterando o valor da raiz de Merkle e invalidando assim o bloco.
• Assim, todos podem ver que a árvore de Merkle permite um teste rápido e simples para saber se uma determinada transação está ou não incluída no conjunto.

Árvores de Merkle - vantagens

• Validar a integridade dos dados: Pode ser efetivamente utilizado para validar a integridade dos dados.
• Ocupa pouco espaço em disco: A árvore de Merkle ocupa pouco espaço em disco em comparação com outras estruturas de dados.
• Informação minúscula nas redes: As árvores de Merkle podem ser divididas em informações minúsculas para verificação.
• Verificação eficiente: A estrutura de dados é eficiente e demora apenas algum tempo a verificar a

integridade dos dados.

3.2 Considerações de segurança para a cadeia de blocos

As principais caraterísticas de segurança da cadeia de blocos são as seguintes

- Gestão da identidade e do acesso.
- Gestão de chaves.
- Privacidade dos dados.
- Comunicação segura.
- Segurança dos contratos inteligentes.
- Endosso da transação.

Na rede Bitcoin, por exemplo, a prova de trabalho é utilizada para a validação do bloco. Qualquer nó da rede pode tentar validar o bloco através de um processo chamado mineração. Os mineiros são premiados em criptomoeda por cada validação bem sucedida de um novo bloco.

A cadeia de blocos é segura?

As cadeias de blocos têm uma arquitetura heterogénea composta por algoritmos criptográficos e modelos matemáticos. A estrutura dos blocos desempenha um papel crucial para permitir o consenso distribuído e garantir a segurança do sistema.

- Dados que podem incluir registos de transacções, contratos ou mesmo a telemetria de dispositivos IoT.
- O valor de hash do bloco atual é gerado para servir como uma imagem criptográfica do bloco que pode ser verificada por qualquer pessoa.
- O valor de hash do bloco anterior é uma cadeia encriptada utilizada para ligar ao bloco anterior de modo a formar a cadeia.
- Carimbo de data/hora. Um registo da hora em que o bloco foi criado.
- Informações adicionais, incluindo assinaturas digitais, valor nonce, etc.

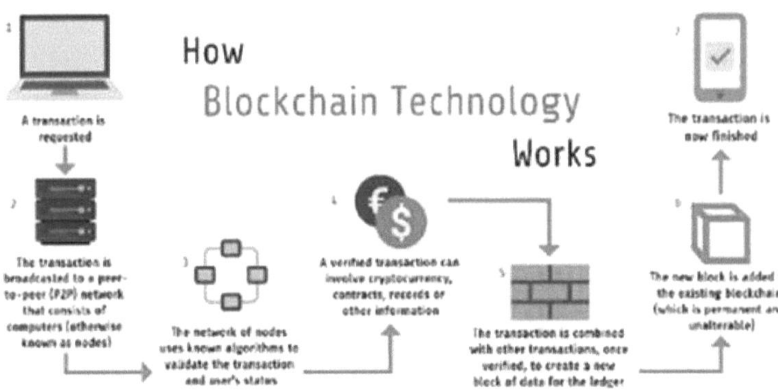

Figura 3.17: Exemplo de transação na cadeia de blocos

O estudo mostra que os casos de utilização nos sectores financeiro e da indústria transformadora estão a enfrentar ciberataques mais direcionados. De acordo com um artigo da revista Fortune, mais de 4 milhões de bitcoins estão desaparecidos. Este número representa 17% a 23% do total da criptomoeda, que vale mais de 8.500 dólares cada.

A cadeia de blocos tem algumas outras propriedades inerentes que podem proporcionar segurança adicional. Algumas das propriedades da tecnologia Blockchain são:

1. Aumento da capacidade

A estrutura do sistema interligado da cadeia de blocos é mais do que capaz de aumentar a capacidade de toda uma rede.

2. Imutabilidade

Isto significa que, uma vez efectuada uma transação, é impossível apagá-la da base de dados.

3. Liquidações mais rápidas

As transacções bancárias demoram tempo, mas as transacções em cadeia de blocos poupam muito tempo.

4. Encriptação

Algoritmo de chave assimétrica e encriptação por função de hash.

5. Descentralização: modo de colaboração.

'Ataques de 51%'

Phishing

- O phishing é uma das técnicas de pirataria informática mais comuns.
- Pode imitar os e-mails de fontes fiáveis e reputadas.
- Estas mensagens de correio eletrónico são enviadas aos proprietários de carteiras digitais, pedindo-lhes que preencham as suas informações pessoais nas ligações falsas.
- De acordo com um relatório da Chainalysis, mais de 225 milhões de dólares foram perdidos devido a esquemas de phishing no primeiro semestre de 2017.

Ataques Sybil

- Os ataques Sybil envolvem a utilização de múltiplas identidades falsas.
- Por outras palavras, uma única parte pode gerir vários nós ao mesmo tempo, utilizando identidades falsas para perturbar as actividades da rede, fazendo-a cair.

Ataque de encaminhamento

- As informações das cadeias de blocos podem ser interceptadas por hackers através do comprometimento dos ISP.
- Os fornecedores de serviços Internet comprometidos também podem ser a causa deste tipo de ataque.

Negação direta de serviço

- Os ataques DDoS são também um importante problema de segurança para as aplicações de cadeias de blocos.
- Neste ataque, os hackers inundam a rede com pedidos falsos, aumentando assim o tráfego da rede e perturbando os pedidos legítimos, ou visam as aplicações com ataques baixos e lentos para as tornar indisponíveis para os seus utilizadores.

Alguns dos problemas mais comuns

- 51% de vulnerabilidade
- Segurança da chave privada
- Hacks de câmbio
- Engenharia social
- Duplicar as despesas
- Fuga de privacidade nas transacções.

51% de vulnerabilidade

- O mecanismo de consenso da Blockchain tem uma vulnerabilidade de segurança de 51% que pode ser exposta por atacantes maliciosos numa tentativa de controlar a rede.
- PoW - um ataque de 51% ocorre quando um único mineiro ou um grupo de mineiros possui mais de 50% do poder de hashing total.
- PoS - um ataque de 51% pode ser efectuado por um único mineiro que possua mais de 50% de todos os fundos.
- um ataque de 51% seria extremamente dispendioso.
- As cadeias de blocos mais pequenas, com menor poder de hashing, são mais vulneráveis a estes ataques.

Segurança da chave privada (segurança da carteira)

- Nas cadeias de blocos actuais, as chaves públicas e privadas são geradas utilizando o algoritmo de assinatura digital de curva elíptica (ECDSA).
- A chave pública pode ser derivada da chave privada, mas não vice-versa.
- Embora a chave pública possa ser partilhada e utilizada como endereço para o envio de transacções, a chave privada deve ser sempre mantida em segurança, sendo apenas do conhecimento do proprietário.
- Apesar de as cadeias de blocos serem estruturas intrinsecamente seguras, a sua segurança está diretamente relacionada com a chave privada.
- A chave privada dará a um atacante acesso à carteira blockchain de uma pessoa.
- Uma vez perdidas, as chaves privadas não podem ser recuperadas.
- Se a chave privada for por acaso roubada por atacantes, estes terão acesso total à conta da cadeia de blocos associada e a oportunidade de iniciar transacções
- Uma vez que a cadeia de blocos não é controlada por nenhuma autoridade centralizada, é difícil rastrear e recuperar os fundos ou informações perdidos.

Hacks de câmbio

- A troca é considerada como um retorno rápido do investimento.
- Para que a troca funcione, os utilizadores devem registar as suas carteiras em bases de dados de terceiros.
- É propenso a ataques
- Os métodos mais seguros para armazenar criptomoedas são a utilização de hardware ou de carteiras de papel.
- Estas carteiras são as chamadas carteiras de armazenamento a frio que têm uma exposição mínima a ataques maliciosos em linha.
- Solução: realizar negociações em bolsas descentralizadas (DEX), uma vez que estas comunicam diretamente com a carteira de criptomoedas.

Ataque de engenharia social

- Manipular as pessoas para que revelem e partilhem as suas chaves privadas, palavras-passe e outras informações sensíveis que possam ser utilizadas para fins fraudulentos.
- Roubo de identidade - resulta em perdas financeiras significativas.
- Phishing - o atacante faz-se passar por um recurso fiável e envia mensagens, notificações e mensagens de correio eletrónico que exigem que as vítimas cliquem em ligações maliciosas, preencham formulários e forneçam informações sensíveis.
- O cenário envolve o atacante que utiliza um nome de domínio semelhante ao legítimo.

Ataques de engenharia social - Soluções

- Para evitar ser vítima de um esquema de phishing, certifique-se de que:
- Nunca partilhe credenciais de início de sessão ou chaves privadas.
- Informe-se a si próprio e às pessoas que o rodeiam sobre casos comuns de engenharia social.
- Nunca clique em anexos de correio eletrónico, ligações, anúncios ou sítios Web de origem desconhecida.
- Utilizar software anti-malware e manter as aplicações de software e os sistemas operativos actualizados.
- Utilizar soluções de autenticação multi-fator sempre que possível.

Ataques de dupla despesa

- A duplicação de despesas é uma situação em que os mesmos fundos digitais são gastos várias vezes.
- Na rede descentralizada baseada na cadeia de blocos, tem de ser criado um mecanismo de consenso fiável para evitar a duplicação de despesas.

- Na rede Bitcoin, os ataques de gasto duplo são evitados através da avaliação e verificação da autenticidade de cada transação utilizando os registos de transação armazenados no protocolo blockchain da Bitcoin.

Fuga de privacidade nas transacções

- Nas redes públicas de cadeias de blocos, as transacções são abertas e transparentes.
- A sua arquitetura permite igualmente a rastreabilidade de todas as transacções.
- As transacções podem conter informações sensíveis sobre os seus emitentes.
- Em algumas aplicações da cadeia de blocos, como a Internet das coisas ou o crowdsourcing móvel, a fuga de privacidade das transacções é uma questão crítica.
- Solução: serviço de mistura (tumbler de criptomoedas).

A arquitetura da Blockchain.

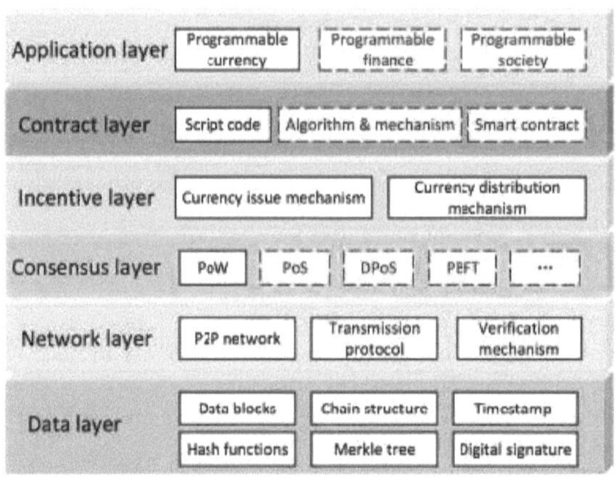

Figura 3.18 A arquitetura da cadeia de blocos.

Tabela 3.2 Requisitos de segurança e privacidade, propriedades

Requisitos S&P Suportados em bitcoin	Propriedades da S&P	Técnicas S&P correspondentes	CorrespondenteS&P técnicas
	Consistência	Consistência	Algoritmos de consenso
	Integridade	Resistência à violação	Armazenamento encadeado por hash
	Disponibilidade	Resistência a ataques DDoS	Algoritmos de consenso com falha bizantina
	Prevenção da dupla despesa	Resistência a ataques de dupla despesa	Assinatura e verificação
	Anonimato	Pseudónimo	Publickeyas pseudónimos

Métodos de atenuação

- Realização de testes de análise estática (SAST) - analisar o código fonte para identificar lacunas de segurança.
- Realização de testes de análise dinâmica (DAST) para eliminar vulnerabilidades durante o desenvolvimento de software
- para testar vulnerabilidades de segurança em aplicações no ambiente de produção.
- Realização de análises/testes de aplicações interactivas (IAST) para testar exaustivamente a existência de entradas ocultas, ficheiros ocultos e informações de configuração, etc., numa aplicação

executada em tempo real, no processo de desenvolvimento, QA ou em produção.

- Realizar a Análise de Composição de Software (SCA) para verificar se existem bibliotecas, componentes de código aberto e contentores vulneráveis e desactualizados utilizados no desenvolvimento. Pode utilizar esta ferramenta de verificação de dependênciasOWASP para o fazer.
- Realizar um teste de penetração detalhado para a sua aplicação baseada em Blockchain para testar e descobrir lacunas de segurança e explorações de vulnerabilidades utilizando a abordagem do hacker. Pode fazê-lo utilizando uma variedade de ferramentas de código aberto que estão disponíveis na Internet.

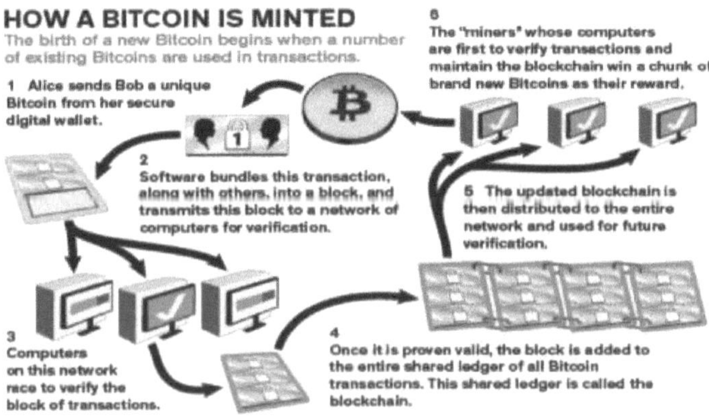

Figura 3.19 Processo de extração de bitcoin

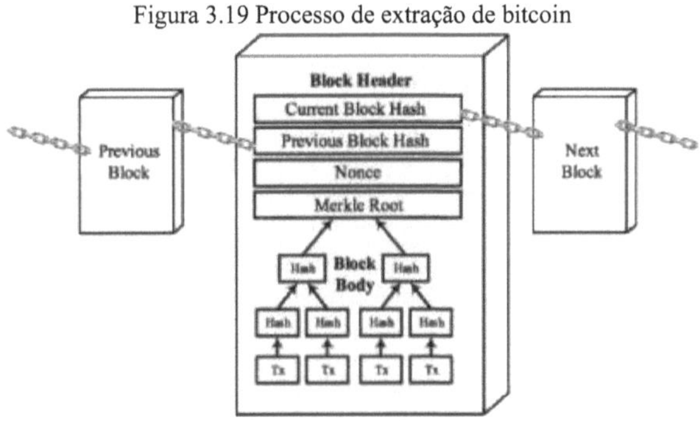

Figura 3.20 Bloco

3.3 Criptografia de chave pública

A criptografia de chave pública utiliza um par de uma chave pública e uma chave privada para efetuar diferentes tarefas. As chaves públicas são amplamente distribuídas, enquanto as chaves privadas são mantidas em segredo. Utilizando a chave pública de uma pessoa, é possível encriptar uma mensagem de modo a que apenas a pessoa com a chave privada a possa desencriptar e ler. Utilizando uma chave privada, pode ser criada uma assinatura digital para que qualquer pessoa com a chave pública correspondente possa verificar que a mensagem foi criada pelo proprietário da chave privada e não foi modificada desde então.

Assinatura digital

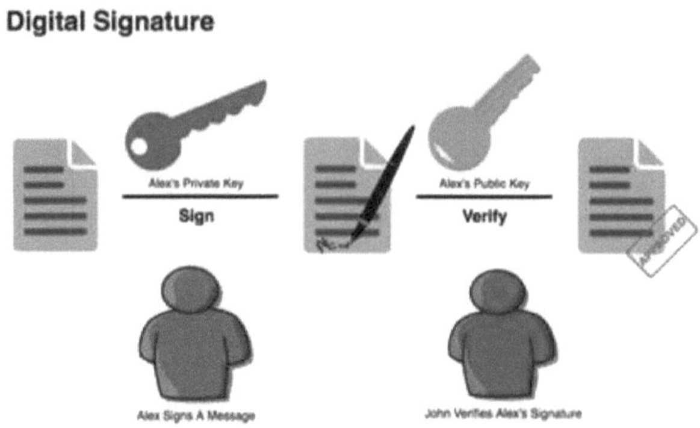

Figura 3.21 Fluxograma da assinatura digital

Os algoritmos de chave pública são algoritmos *assimétricos* e, por isso, baseiam-se na utilização de duas chaves diferentes, em vez de apenas uma. Na criptografia de chave pública, as duas chaves são designadas *por chave privada* e *chave pública*

Chave privada: Esta chave deve ser conhecida *apenas* pelo seu proprietário.

Chave pública: Esta chave é conhecida por toda a gente (é *pública*)

Relação entre as duas chaves: O que uma chave encripta, a outra desencripta, e vice-versa. Isto significa que, se encriptar algo com a minha chave pública (que você saberia, porque é pública :-), eu precisaria da minha chave privada para desencriptar a mensagem.

Uma conversa segura utilizando criptografia de chave pública

- Numa conversa segura básica utilizando criptografia de chave pública, o remetente encripta a mensagem utilizando a chave *pública* do destinatário.
- Lembre-se que esta chave é conhecida por toda a gente. A mensagem cifrada é enviada para o destinatário, que a decifrará com a sua chave *privada.*
- Apenas o recetor pode desencriptar a mensagem porque mais ninguém tem a chave privada. Repare também como o algoritmo de encriptação é o mesmo em ambas as extremidades: o que é encriptado com uma chave é desencriptado com a outra chave utilizando o mesmo algoritmo.

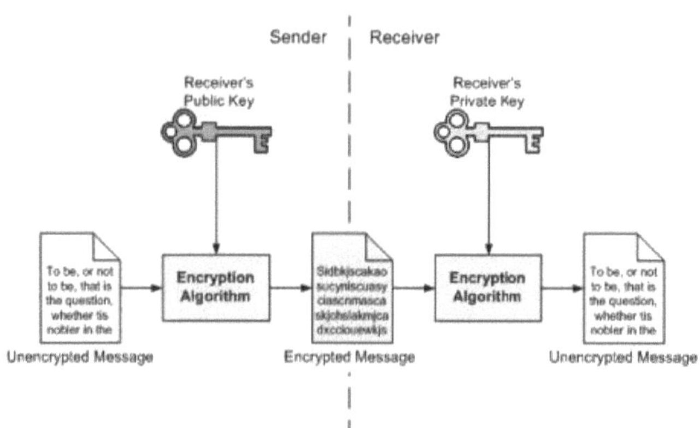

Figura 3.21 conversação segura utilizando criptografia de chave pública

Prós e contras dos sistemas de chave pública

- Os sistemas de chave pública têm uma clara vantagem sobre os algoritmos simétricos: não é necessário chegar a acordo sobre uma chave comum para o emissor e o recetor.

- Como se viu no exemplo anterior, se alguém quiser receber uma mensagem encriptada, o remetente só precisa de conhecer a chave pública do destinatário (que o destinatário fornecerá; a publicação da chave *pública* não compromete de forma alguma a transmissão segura).
- Desde que o recetor mantenha a chave privada em segredo, ninguém, para além do recetor, poderá decifrar as mensagens encriptadas com a chave pública correspondente.
- Isto deve-se ao facto de, nos sistemas de chave pública, ser relativamente fácil calcular a chave pública a partir da chave privada, mas *muito difícil* calcular a chave privada a partir da chave pública (que é a que todos conhecem).
- De facto, alguns algoritmos necessitam de vários *meses* (e mesmo anos) de computação constante para obter a chave privada a partir da chave pública.

Figura 3.22 criptografia de chave pública

Outra vantagem importante é o facto de, ao contrário dos algoritmos simétricos, os sistemas de chave pública poderem garantir a integridade e a autenticação, e não apenas a privacidade. A comunicação básica vista acima garante apenas a privacidade. Veremos em breve como a integridade e a autenticação se enquadram nos sistemas de chave pública. A principal desvantagem da utilização de sistemas de chave pública é o facto de não serem tão rápidos como os algoritmos simétricos.

Assinaturas digitais: Integridade em sistemas de chave pública

A integridade é garantida nos sistemas de chave pública através da utilização de *assinaturas digitais*. Uma assinatura digital é um dado que é anexado a uma mensagem e que pode ser utilizado para descobrir se a mensagem foi adulterada durante a conversação (por exemplo, através da intervenção de um utilizador malicioso)

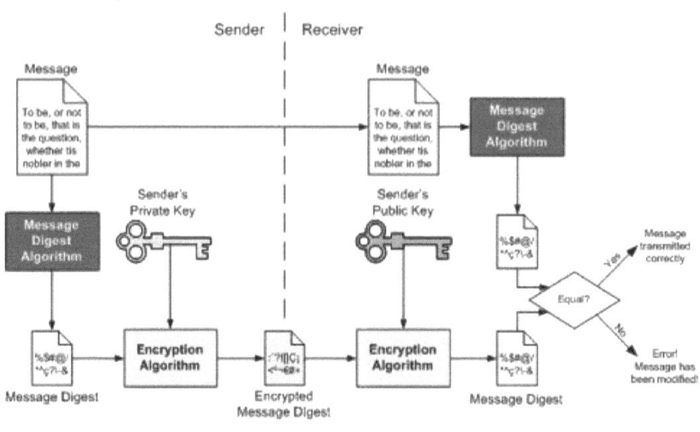

Figura 3.23 Assinatura digital de uma mensagem

A assinatura digital de uma mensagem é gerada em duas etapas:

É gerado um *resumo da mensagem*. O resumo da mensagem é um "resumo" da mensagem que vamos transmitir e tem duas propriedades importantes: (1) É sempre mais pequeno do que a própria mensagem e (2) Mesmo a mais pequena alteração na mensagem produz um resumo diferente. O resumo da mensagem é gerado utilizando um conjunto de algoritmos de hashing.

O resumo da mensagem é encriptado utilizando a chave *privada* do remetente. O resumo da mensagem encriptada resultante é a *assinatura digital*. A assinatura digital é anexada à mensagem e enviada para o recetor. O recetor faz então o seguinte:

Utilizando a chave pública do remetente, desencripta a assinatura digital para obter o resumo da mensagem gerado pelo remetente. Utiliza o mesmo algoritmo de resumo de mensagens utilizado pelo remetente para gerar um resumo de mensagens da mensagem recebida. Compara os dois resumos de mensagens (o enviado pelo remetente como assinatura digital e o gerado pelo destinatário). Se não forem *exatamente iguais*, a mensagem foi adulterada por um terceiro. Podemos ter a certeza que a assinatura digital foi enviada pelo remetente (e não por um utilizador malicioso) porque *apenas* a chave pública do remetente pode desencriptar a assinatura digital (que foi encriptada pela chave privada do remetente; lembre-se que o que uma chave encripta, a outra desencripta, e vice-versa). Se a desencriptação utilizando a chave pública produzir um resumo de mensagem defeituoso, isso significa que ou a mensagem ou o resumo de mensagem não são exatamente o que o remetente enviou.

A utilização de criptografia de chave pública desta forma garante a integridade, porque temos uma forma de saber se a mensagem que recebemos é exatamente a que foi enviada pelo remetente. No entanto, repare como o exemplo acima garante *apenas* a integridade. A mensagem em si é enviada sem encriptação. Isto não é necessariamente uma coisa má: em alguns casos, podemos não estar interessados em manter os dados privados, queremos apenas garantir que não são adulterados. Para acrescentar privacidade a esta conversa, bastaria encriptar a mensagem, como explicado no primeiro diagrama.

Autenticação em sistemas de chave pública

O exemplo acima garante, até certo ponto, a autenticidade do remetente. Uma vez que *apenas* a chave pública do remetente pode decifrar a assinatura digital (encriptada com a chave *privada* do remetente). No entanto, a única coisa que isto garante é que quem enviou a mensagem tem a chave privada correspondente à chave pública que utilizámos para decifrar a assinatura digital. Embora esta chave pública possa ter sido anunciada como pertencente ao remetente, como podemos ter a certeza absoluta? Talvez o remetente não seja realmente quem diz ser, mas apenas alguém que se faz passar por ele. Alguns cenários de segurança podem considerar que a "autenticação fraca" apresentada no exemplo anterior é suficiente. No entanto, outros cenários podem exigir que não haja absolutamente nenhuma dúvida sobre a identidade de um utilizador. Isto é conseguido com *certificados digitais*, que são explicados na página seguinte.

3.4 Equilíbrios de Nash, estratégias estáveis evolutivas e eficiência de Pareto (teoria dos jogos)

A teoria dos jogos evolutivos (EGT) é a aplicação da teoria dos jogos às populações em evolução na biologia. Define um quadro de concursos, estratégias e análises em que a competição darwiniana pode ser modelada. Os critérios matemáticos que podem ser utilizados para prever os resultados de estratégias concorrentes.

O que são estruturas de mercado?

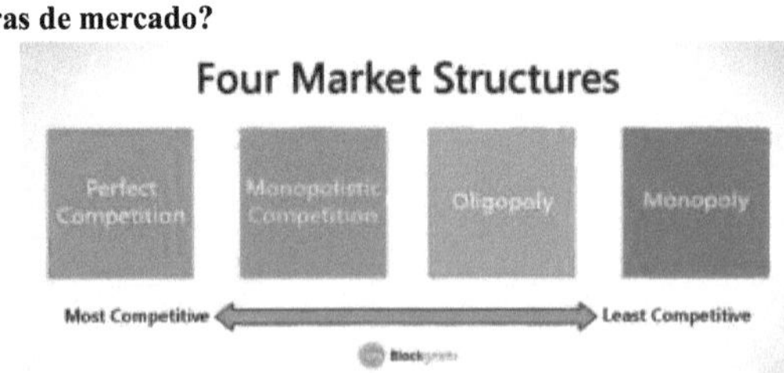

Figura 3.24 Estrutura do mercado

- A organização e as caraterísticas fundamentais de qualquer mercado são designadas por estrutura do mercado.
- As estruturas de mercado são diferenciadas com base em muitos factores, como o número de produtores, o controlo dos preços e os obstáculos à entrada. Com base nestes factores, existem quatro tipos diferentes de estruturas de mercado:

Com base nestes factores, existem quatro tipos diferentes de estruturas de mercado:

- Concorrência perfeita.
- Monopólio.
- Concorrência monopolística.
- Oligopólio.

Concorrência perfeita

- A concorrência perfeita é um mercado onde é fácil para qualquer pessoa entrar no mercado e onde os vendedores individuais não têm qualquer poder sobre o preço do produto.
- Pensemos nas mangas. É fácil para qualquer pessoa entrar no mercado, basta que cultive mangas.
- Além disso, não podem alterar voluntariamente o preço das mangas. Se uma pessoa vende uma manga a 10 dólares, o comprador pode simplesmente comprá-la a alguém que esteja a vender mangas a 5 dólares.

Monopólio

- Um monopólio é o oposto de uma concorrência perfeita.
- Trata-se de um mercado que é dominado por uma empresa e as barreiras à entrada são tão elevadas que mais ninguém pode entrar nele.
- Os diamantes De Beers são um ótimo exemplo de um mercado monopolista.

Concorrência monopolística

- Este é um mercado que tem muitos vendedores e barreiras muito baixas. Os seus produtos são semelhantes, mas não idênticos.
- Pensemos no serviço de entrega de pizzas. Agora, a Dominoes e a Pizza Hut têm o mesmo produto com diferenças subtis.
- É óbvio que se pode aumentar ligeiramente o preço do produto com base em factores como as preferências dos clientes. No entanto, se a Dominoes praticar um preço demasiado elevado para as suas pizzas, as pessoas irão simplesmente deslocar-se à Pizza Hut.
- Consequentemente, se a Dominoes e a Pizza Hut começarem a cobrar preços excessivos, uma vez que as barreiras à entrada são tão baixas, outro operador pode entrar e conquistar todos os clientes.

Oligopólio

- Os oligopólios são mercados dominados por um pequeno número de mercados e em que os obstáculos à entrada são elevados.
- Um dos melhores exemplos de um oligopólio é o mercado dos smartphones. Este mercado é dominado por um pequeno número de empresas como a Samsung, a Apple e a Huawei. Tal como nas competições monopolistas, os produtos são semelhantes mas não idênticos.
- Se, amanhã, a Apple decidir fixar o preço dos seus iPhones em 4000 dólares, para além dos fanáticos da Apple, a maioria optará simplesmente por um telemóvel Android.
- Obviamente, podem sempre juntar-se e decidir, em grupo, aumentar os preços mutuamente, mas isso chama-se "conluio" e é ilegal em muitos países, incluindo os Estados Unidos.
- Então, quando não podem competir alterando os preços, como é que podem obter essa vantagem sobre os seus concorrentes? Fazem-no através da "concorrência sem preço", o que significa competir sem alterar o preço.
- Como é que fazem isso? Fazem-no alterando o aspeto e o estilo dos seus produtos e proporcionando uma experiência única. No entanto, a forma mais reconhecida de concorrência não

relacionada com o preço é a publicidade.

- A publicidade é uma das formas mais eficazes de mostrar as qualidades únicas dos seus produtos e de introduzir novos produtos.
- Mas, por outro lado, há um problema. Quantos dos anúncios a que assiste ficam realmente gravados? É provável que tenha sido bombardeado por toneladas de anúncios hoje mesmo, mas de quantos deles se lembra realmente? Se for um jogador num oligopólio e continuar a fazer publicidade cegamente, vai gastar muito dinheiro.
- Consequentemente, para recuperar todo esse dinheiro, vai ter invariavelmente de aumentar o preço dos seus produtos.
- Se isso acontecer, os seus compradores irão simplesmente procurar os seus concorrentes. Então, como é que se faz isto? Como anunciar os seus produtos sem perder os seus clientes?
- Basicamente, terá de tomar decisões com base nas acções que os seus concorrentes irão tomar. Para o fazer, terá de utilizar **a Teoria dos Jogos.**

O que é a teoria dos jogos?

A teoria dos jogos é o estudo da tomada de decisões estratégicas. É assim que muitas empresas tomam decisões tendo em conta as acções que os seus concorrentes irão tomar. A teoria dos jogos foi concebida por John Van Nuemann e Osker Morgenstern em 1944 e foi considerada um avanço no estudo dos mercados oligopolizados. Desde então, a teoria dos jogos ganhou vida própria e tem sido amplamente implementada em várias outras tecnologias e domínios.

Um modelo de teoria dos jogos tem pelo menos 3 componentes:

Os jogadores: Os decisores. Por exemplo, os gestores das empresas.

Estratégias: As decisões que pretendem tomar para promover as suas empresas.

Retribuição: Resultado das estratégias.

Na teoria dos jogos, existem dois tipos de jogos.

Jogo de soma zero: É um jogo em que o ganho de um jogador se faz à custa de outro jogador.

Jogo de soma zero: Um jogo em que o ganho de um jogador não se faz à custa de outro jogador. Então, como é que se aplica a teoria dos jogos? Voltemos ao que estávamos a discutir, se uma empresa deve ou não anunciar um determinado aspeto do seu produto. Suponhamos que existem duas empresas A e B.

Quadro 3.3 Matriz de compensação

		Empresa B	
		Anunciar	Não anunciar
Empresa A	Anunciar	(4,3)	(5,1)
	Não anunciar	(2,5)	(3,2)

A tabela que vê acima é designada por "matriz de compensação". A tabela tem basicamente a seguinte redação:

Se a empresa A e a empresa B decidirem fazer publicidade, o prémio para ambas é 4 e 3, respetivamente.

Se a empresa A não fizer publicidade e B decidir fazer publicidade, então o prémio é 2 e 5.

Se a empresa A anuncia e B não anuncia, então o prémio é 5 e 1.

Se as empresas A e B não fizerem publicidade, o prémio é 3 e 2.

Em primeiro lugar, vejamos a empresa B.

Caso 1: Se a empresa A anuncia

Assim, a empresa B tem um ganho de 3 se fizer publicidade e de 1 se não fizer publicidade. Portanto, é óbvio que o seu melhor prémio é a publicidade.

Caso 2: Se a empresa A não fizer publicidade

Nesse caso, a empresa B tem um prémio de 5 se fizer publicidade e de 2 se não fizer publicidade. Neste caso, o seu melhor prémio é a publicidade.

Conclusão: Independentemente do que a empresa A faz, a empresa B deve fazer publicidade.
Vejamos agora a empresa A.

Caso 1: Se a empresa B anunciar

A empresa A tem um ganho de 4 se fizer publicidade e de 2 se não fizer publicidade. Assim, mais uma vez, o seu melhor prémio é a publicidade.

Caso 2: Se a empresa B não fizer publicidade

Neste caso, a empresa A tem um ganho de 5 se fizer publicidade e um ganho de 3 se não fizer publicidade. Mais uma vez, o seu melhor prémio é a publicidade.

Conclusão: Independentemente do que a empresa B faça, a melhor estratégia da empresa A é a publicidade.

Assim, neste exemplo, tanto para a empresa A como para a empresa B, o seu estado mais estável será se ambas fizerem publicidade, ou seja, se a empresa A e a empresa B fizerem publicidade: Tanto para a empresa A como para a empresa B, esta é a sua estratégia dominante. Uma estratégia dominante é o melhor curso de ação para um jogador, independentemente do que o adversário faça. Neste exemplo, (4,3) é também o Equilíbrio de Nash.

Equilíbrio de Nash

O Equilíbrio de Nash

Um ponto em que dois jogadores num jogo são capazes de chegar à mesma conclusão estratégica, uma vez que o resultado ótimo para ambos os jogadores é alcançado através da mesma conclusão.

Figura 3.25 Equilíbrio de Nash

- O equilíbrio de Nash é uma solução para um jogo em que cada jogador escolhe a sua estratégia óptima, tendo em conta que a estratégia foi escolhida pelo outro e que não tem nada a ganhar com a mudança de estratégia.
- Este conceito foi formulado por John F. Nash, que foi retratado por Russell Crowe no filme "Uma Mente Brilhante".
- Isto tem implicações enormes num sistema informático distribuído como a blockchain. De facto, a cadeia de blocos é "livre de batota" porque todo o protocolo está num Equilíbrio de Nash.

Teoria dos jogos da cadeia de blocos e das criptomoedas

Um bloco é uma série de blocos que contém transacções individuais. Cada bloco contém também o hash do bloco anterior e este, por sua vez, liga cada bloco subsequente ao bloco anterior, formando uma cadeia. Daí o termo "blockchain". Esta é uma representação visual aproximada de uma cadeia de blocos.

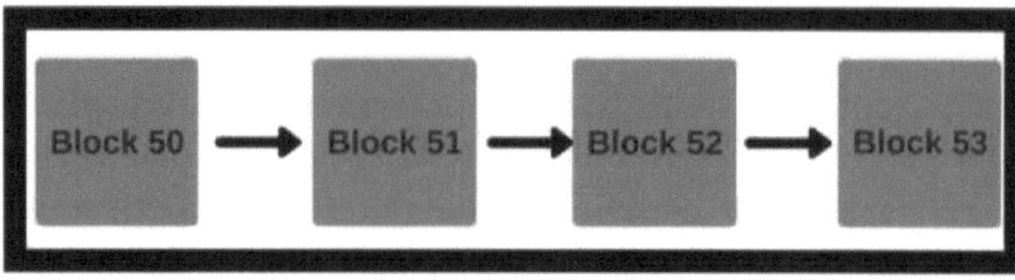

Figura 3.25 Cadeia de blocos

Alguns termos:

- Bloco de génese: O primeiro bloco da cadeia de blocos é designado por bloco "genesis".
- Prova de trabalho: A quantidade de trabalho computacional necessário para criar o bloco.
- Bloco pai: O bloco que precede imediatamente um bloco é o bloco pai desse bloco. Assim, no diagrama acima, o bloco 50 é o bloco pai do bloco 51.
- Cada bloco da cadeia de blocos tem uma função de pontuação.
- Pontuação(génese) = 0.
- Pontuação (bloco) = Pontuação (bloco dos pais) + Prova de trabalho
- O estado atual da cadeia é o bloco com a pontuação mais elevada.
- Num sistema baseado na blockchain bitcoin há dois intervenientes:
- Utilizadores.
- Mineiros.

Os utilizadores, na bitcoin, têm apenas duas funções à sua disposição:

- Enviar moedas.
- Receber moedas.
- Para o fazer, são necessárias duas chaves, a pública e a privada.
- O que os mineiros fazem é autenticar as transacções E realizar o processo de extração.
- A mineração é a forma como novos blocos são descobertos e adicionados à blockchain.

Exploração de blocos

- Através de uma série de cálculos, os mineiros encontram um bloco e adicionam-no à cadeia de blocos. No Ethereum, a adição do bloco dá ao(s) mineiro(s) uma recompensa de 5 ether e, na bitcoin, a recompensa de mineração é de 25 BTC (ambos no momento da redação).
- Os mineiros têm muito poder no sistema blockchain e, se optarem por fazer batota para seu próprio benefício pessoal, podem causar estragos no sistema.
- Para atenuar este problema, a cadeia de blocos utiliza a mecânica da teoria dos jogos para manter o sistema à prova de bala.
- Para compreender como a teoria dos jogos mantém os mineiros honestos, vejamos outro sistema peer-to-peer que permitiu que os seus utilizadores, uma e outra vez, se safassem com batota.
- O torrenting é um dos sistemas peer to peer mais populares do mundo.
- Ao utilizar as torrents, os utilizadores têm duas funções: descarregar e propagar.
- Depois de descarregarem um ficheiro, é suposto partilharem-no na rede através de um método chamado seeding.
- No entanto, não recebem qualquer compensação pela propagação do referido ficheiro, pelo que, na maioria das vezes, se recusam a fazê-lo.
- A maioria dos utilizadores de torrents são "batoteiros" porque não semeiam os seus ficheiros.
- Podem escapar à batota porque o sistema não tem um "modelo de punição" como o blockchain tem.

Como é que os mineiros podem fazer batota? - Teoria dos jogos de criptomoeda

- Podem incluir uma transação inválida e dar a si próprios moedas extra.
- Adicione blocos aleatoriamente sem se preocupar com a Prova de trabalho.
- Mina em cima de blocos inválidos para obter mais BTC.
- O meu em cima de um bloco com uma pontuação abaixo do ideal.
- Vejamos um exemplo. Considere o bloco abaixo:

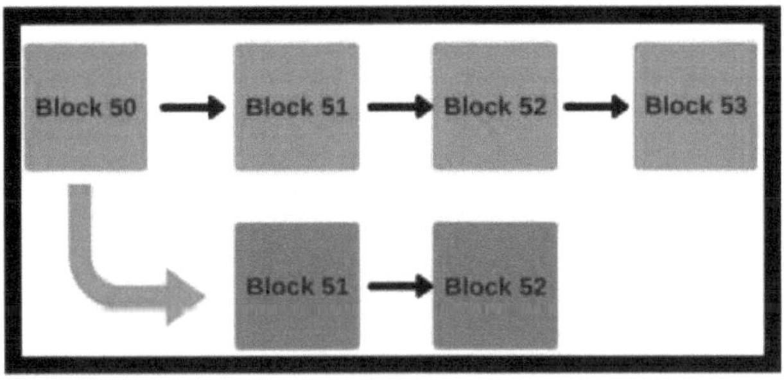

Figura 3.26 Bifurcação da corrente

- Os blocos a azul são a cadeia principal. Agora suponhamos que há um mineiro que, no bloco azul 51, gasta 20 bitcoins para obter 500 litecoins (hipoteticamente).
- E agora ele quer criar uma cadeia paralela com um novo bloco 51 (vermelho), onde ele nunca fez esta transação. Então, para simplificar o que ele acabou de fazer, vamos fazer uma rápida recapitulação:
- No bloco azul, o 51 gasta 20 bitcoins para obter 500 litecoins.
- Cria uma nova cadeia (fork) a partir do bloco 50 e no bloco alternativo 51, não faz a transação de litecoin.
- No final, sai com os seus 20 BTC originais e 500 novas litecoins.
- O que acabou de acontecer aqui é chamado de "gasto duplo". Obviamente, agora os mineiros podem, teoricamente, minerar no topo da nova cadeia vermelha e continuar a gastar duas vezes e a minerar bitcoins extra.
- Como se pode imaginar, isto pode destruir o sistema bitcoin.
- A blockchain foi concebida de forma a ser um Equilíbrio de Nash auto-reforçado. A razão pela qual isso acontece é que a mineração tem um sistema de punição recursivo.

O Equilíbrio de Nash na exploração mineira e o sistema de punição.

- Se um mineiro criar um bloco inválido, os outros não irão minerar em cima dele devido a uma regra que foi definida na mecânica da cadeia de blocos.
- Qualquer bloco que seja extraído sobre um bloco inválido torna-se um bloco inválido.
- Utilizando esta regra, os mineiros irão simplesmente ignorar o bloco inválido e continuar a minerar no topo da cadeia principal, também conhecida como a cadeia azul no diagrama.
- Esta lógica semelhante aplica-se ao bloco de pontuação sub-óptima. Veja o diagrama novamente.
- Nenhum mineiro vai querer minerar no bloco vermelho 52 porque o bloco azul 53 terá uma pontuação mais alta do que o bloco vermelho.
- Ambos os cenários são atenuados porque os mineiros, enquanto grupo, escolherão o estado mais estável, ou seja, o estado com um equilíbrio de Nash.
- Obviamente, é possível fazer com que todos os mineiros explorem o bloco vermelho e façam dele a nova cadeia de blocos.
- Como diz o jogo de coordenação, se a maioria das pessoas do grupo não mudar de estado, a minoria não terá qualquer incentivo para permanecer no novo estado.

- Perante isto, porque é que um mineiro vai gastar todo o seu poder de computação e arriscar-se ao ostracismo numa causa fútil?

Porque é que os utilizadores utilizam a cadeia principal em vez da outra cadeia?

Então, agora que já vimos a razão pela qual os mineiros preferem a cadeia azul... E os utilizadores? No jogo da cadeia de blocos, há dois jogadores, os mineiros e os utilizadores. Porque é que os utilizadores preferem a cadeia azul à cadeia vermelha? Mais uma vez, a mecânica da teoria dos jogos entra em ação. A primeira coisa que precisa de ter em mente é que a criptomoeda tem valor porque as pessoas lhe dão valor. Então, porque é que um utilizador normal atribuirá um valor às moedas que saem da cadeia azul e não às moedas que saem da cadeia vermelha? A razão é simples. A cadeia principal é um ponto de Schelling na perspetiva dos utilizadores. O utilizador atribui-lhe valor porque a cadeia principal lhe parece natural e especial.

Racionalidade limitada: Outra razão pela qual os utilizadores valorizarão mais a cadeia principal é o facto de estarem simplesmente habituados a ela. Como diz a racionalidade limitada, as pessoas optarão sempre pela solução mais simples. Passar por uma cadeia mais recente complica desnecessariamente as coisas.

- Vitalik Buterin deu um ótimo exemplo do problema do Takeover e nós vamos expandi-lo. Suponhamos que alguém faz um contrato inteligente hipotético para uma atividade. Os termos do contrato são os seguintes:
- Qualquer mineiro pode juntar-se à atividade enviando um depósito muito elevado para o contrato.
- Os mineiros têm de enviar para o contrato as partes dos blocos parcialmente concluídos que extraíram e o contrato verifica-as e também verifica se o utilizador é um mineiro e se tem poder de hash suficiente.
- Antes de 60% dos mineiros do sistema aderirem, pode sair quando quiser.
- Depois de 60% dos mineiros aderirem, ficará vinculado ao contrato até que os 20 blocos tenham sido adicionados à cadeia de hard fork, também conhecida como cadeia vermelha.
- Sim, é de facto muito diabólico e podemos ver o problema que este ataque pode ter.
- Não só a nova cadeia se tornará maior e mais longa, como 60% de todos os mineiros estão contratualmente ligados a esta nova cadeia, o que rapidamente tornará irrelevante a cadeia original mais antiga, também conhecida como cadeia azul. Isto fará com que haja gastos duplos em todo o lado e o valor da moeda cairá rapidamente.

Poderá estar a perguntar-se porque é que os mineiros se vão juntar a uma aquisição?

- **Bem, vejamos qual é o seu incentivo para aderir:**
- A possível recompensa no final.
- Não há risco de adesão da parte deles.
- **Qual é o seu incentivo para cumprir o contrato?**
- O enorme montante que depositaram no início.
- Mais uma vez, a possibilidade de uma grande recompensa.
- Teoricamente, uma aquisição como esta pode acabar com qualquer moeda, mas não é muito provável que isso aconteça por causa... Adivinhou.... mecânica da teoria dos jogos.

Regra da cadeia mais longa

- Uma cadeia de blocos é uma lista de blocos ligados por valores hash, contendo cada bloco um lote de transacções ordenadas.
- Para que todos os participantes concordem com a mesma cadeia de blocos, a NC utiliza dois componentes: o mecanismo Proof-of-Work (PoW) e a regra da cadeia mais longa (LCR).
- Cada participante recolhe transacções válidas e não confirmadas da rede, ordena-as e agrupa-as num bloco.

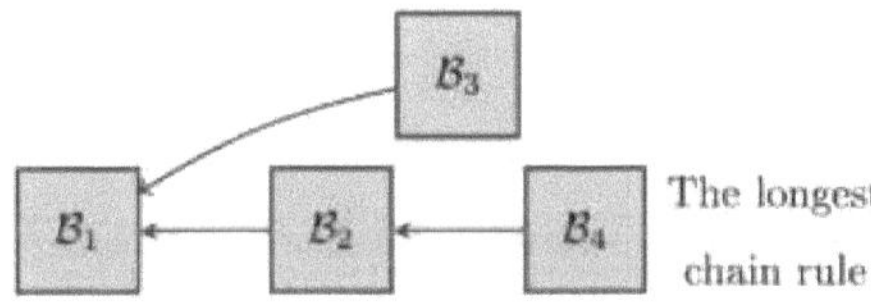

Figura 3.26 Regra da cadeia mais longa

- Além disso, um bloco válido precisa de conter uma prova de trabalho, ou seja, o seu proprietário precisa de encontrar um valor do nonce (ou seja, um campo de dados alterável) tal que o valor de hash deste bloco tenha zeros à esquerda necessários.
- O comprimento dos zeros à esquerda também é conhecido como a dificuldade de extração, que pode ser ajustada pelo sistema para que novos blocos sejam extraídos a cada dez minutos, em média.
- Na realidade, dois novos blocos podem ser minerados ao mesmo tempo, levando a uma bifurcação em que dois blocos "filhos" partilham um bloco "pai" comum.
- Para resolver uma bifurcação deste tipo, um mineiro honesto aceita sempre a cadeia mais longa como a válida. Ver Fig. 1 para uma ilustração. O bloco B3 é um bloco de bifurcação, que será abandonado pelos mineiros honestos de acordo com a regra da cadeia mais longa.
- Na Bitcoin, um minerador de blocos receberá uma recompensa de bloco (se o seu bloco for eventualmente incluído na cadeia mais longa), bem como taxas de transação como outro tipo de recompensa.
- Na Bitcoin, a extração de blocos tem duas funcionalidades: (1) eleger os líderes (ou seja, os proprietários de blocos válidos) pelos mineiros e (2) ordenar e verificar as transacções.
- A taxa de transação é utilizada para incentivar os mineiros a incluir transacções nos seus blocos.
- Por conseguinte, quanto mais elevada for a taxa de transação, mais os mineiros tentam incluir a transação no último bloco.
- Os resultados mostram que cerca de 77,8% das transacções têm uma comissão bastante pequena (menos de 0,0001 BTC).

3.5 Estrutura de incentivos

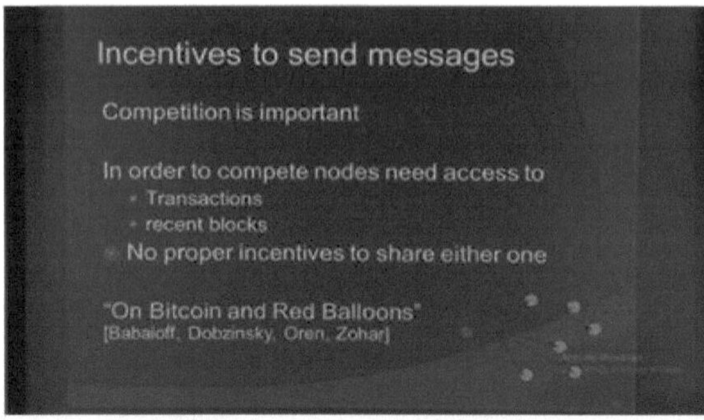

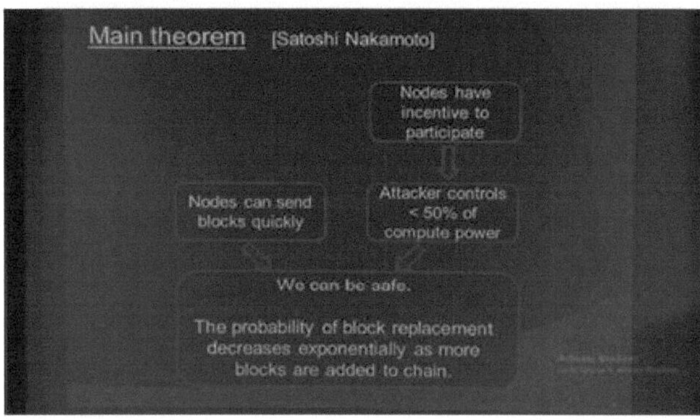

Figura 3.27 Estrutura de incentivos da cadeia de blocos

Mineração egoísta

- A NC foi concebida para recompensar de forma justa os mineiros de acordo com as suas contribuições para o sistema (ou seja, o rendimento dos mineiros é proporcional ao seu poder de computação dedicado).
- os estudos mostram que um mineiro egoísta pode obter mais receitas do que a sua quota-parte justa ao desviar-se do protocolo.
- Este ataque de mineração é chamado de mineração egoísta. Neste ataque, um mineiro egoísta pode manter em segredo os seus blocos recém-gerados, minerar em cima desses blocos e criar forks de propósito quando necessário.
- Em particular, quando um mineiro honesto gera um novo bloco, um mineiro egoísta publicará um bloco secreto para corresponder a este bloco honesto como uma competição ou publicará dois blocos para anular este bloco honesto porque os mineiros honestos seguem o LCR.

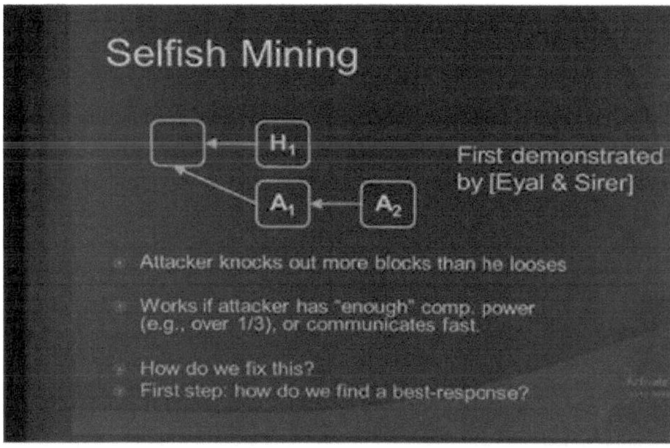

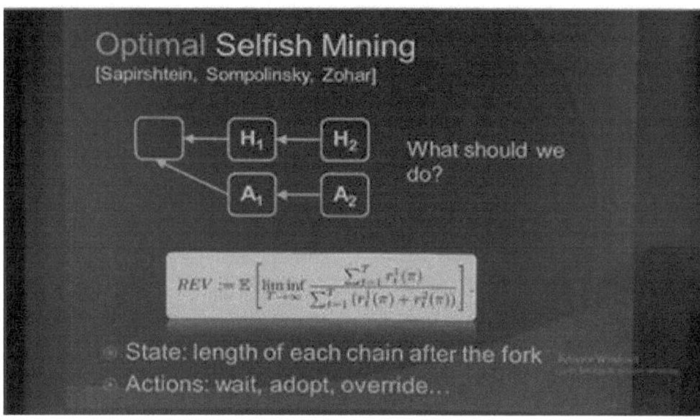

Figura 3.28 Exploração mineira egoísta

Garfos

- O consenso de Nakamoto não garante que as cadeias de blocos de todos os mineiros sejam as mesmas em todos os momentos.
- Assim, podem formar-se algumas cadeias contraditórias, conhecidas como bifurcações.
- Quando ocorre uma bifurcação, estes blocos são normalmente criados por diferentes criadores e estes criadores estão em competição; assim, apenas o criador da cadeia mais longa pode ganhar a recompensa.
- No consenso Nakamoto, os mineiros só admitem os blocos da cadeia mais longa e as transacções noutras bifurcações são inválidas.
- Além disso, quando as cadeias mais longas não são únicas, os mineiros seguem normalmente o bloco mais alto que receberam primeiro.

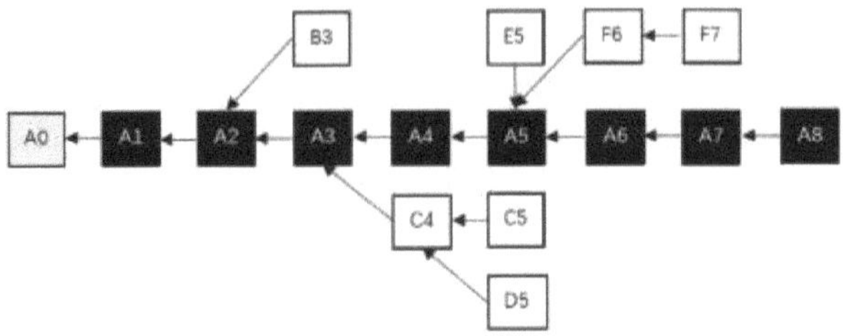

Figura 3.29 O bloco é adicionado à cadeia da rede

A figura acima mostra um exemplo de uma cadeia de blocos com o consenso de Nakamoto. Neste exemplo, a cadeia mais longa vai do bloco de génese (A0) ao bloco de folha preta (A8), e os outros blocos em bifurcações mais curtas são de cor branca. Neste exemplo, os mineiros seguem o bloco (A8).

Evitar a duplicação de despesas

- A única forma de o fazer é estar atento a todas as transacções.
- Cada nó (minerador) verifica se este é o primeiro gasto do Bitcoin pelo pagador.
- Só quando é verificada é que gera a prova de trabalho e a anexa à cadeia atual.

Rede Bitcoin

- Cada nó P2P executa o seguinte algoritmo:
- As novas transacções são transmitidas a todos os nós.
- Cada nó (mineiros) recolhe as novas transacções num bloco.
- Cada nó trabalha para encontrar uma prova de trabalho para o seu bloco. (Difícil de fazer. Probabilístico. Aquele que terminar mais cedo provavelmente ganhará).
- Quando um nó encontra uma prova de trabalho, transmite o bloco a todos os nós.
- Os nós só aceitam o bloco se todas as transacções nele contidas forem válidas (verificação da assinatura digital) e ainda não tiverem sido gastas (verificação de todas as transacções).
- Os nós expressam a sua aceitação trabalhando na criação do bloco seguinte na cadeia, utilizando o hash do bloco aceite como hash anterior.

Desempate

- Dois nós podem encontrar um bloco correto em simultâneo.

- Manter os dois e trabalhar no primeiro
- Se um for mais comprido do que o outro, deve ser escolhido o mais comprido

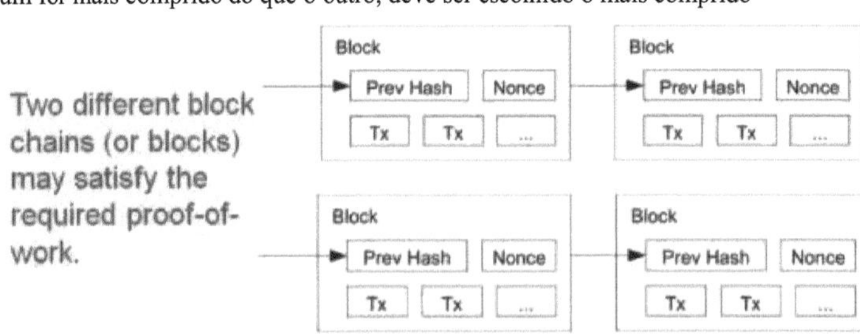

Figura 3.30 blocos

3.6 Métodos de atenuação da segurança da cadeia de blocos

A tecnologia Blockchain impõe um consenso distribuído e transacções criptográficas. É muito difícil comprometer a integridade dos seus registos sem ser notado por toda uma rede. Devido à capacidade da cadeia de blocos para facilitar transacções descentralizadas, sem confiança, encriptadas e eventos a serem registados e armazenados publicamente. Por conseguinte, pode evitar fraudes em linha, como a dupla despesa e a pirataria informática.

A malícia na Internet abrange o roubo de identidade, a fraude e as intrusões na rede ou no sistema.

Figura 3.31 Ameaças à segurança da cadeia de blocos

A malícia na Internet engloba o roubo de identidade, a fraude e as intrusões na rede ou no sistema. A cadeia de blocos pode ajudar a prevenir fraudes que envolvam outros activos para além da moeda e do crédito. Os contratos inteligentes utilizados para garantir que as partes envolvidas nas transacções cumprem os contratos, reduzindo os incumprimentos por parte dos compradores ou o mau serviço prestado pelos fornecedores. A tecnologia de cadeia de blocos pode evitar vários tipos de ataques maliciosos e reduzir muitos riscos associados, mas não pode eliminar todos os ataques.

Tecnologia Blockchain: ataques inevitáveis

O ataque dos 51%

- Ocorre quando um único nó menor tem mais recursos computacionais do que os restantes nós da rede.

- Nessa situação, este nó domina a verificação e aprovação das transacções e controla o conteúdo de uma cadeia de blocos.
- Como possui mais de metade (51%) do poder de processamento da rede, o nó dominante pode ultrapassar todos os outros nós.
- Assim, pode manipular a cadeia de blocos, inserir transacções fraudulentas, gastar fundos duas vezes ou mesmo roubar um ativo de outros.

Roubo de identidade

- Embora a cadeia de blocos possa preservar o anonimato e a privacidade, a segurança dos activos depende da segurança da chave privada, uma forma de identidade digital.
- Se a chave privada de uma pessoa for adquirida ou roubada, nenhum terceiro pode recuperá-la.

Actividades ilegais

- A tecnologia de cadeia de blocos pode tornar-se um local de ilegalidade.
- As criptomoedas que utilizam a tecnologia de cadeia de blocos podem também facilitar o branqueamento de capitais.

Utilização de tecnologias de deteção

- A tecnologia blockchain previne comportamentos fraudulentos, mas não é capaz de detetar fraudes por si só.
- Implementação de técnicas e métodos inovadores necessários para detetar ataques.
- Utilização de algoritmos de aprendizagem automática e de extração de dados para criar novas aplicações de deteção de fraudes e intrusões em transacções baseadas em cadeias de blocos.
- Implementação de técnicas como a definição de perfis, a monitorização e a deteção de padrões de comportamento com base no historial de transacções das pessoas.

- Desenvolvimento de abordagens de aprendizagem automática supervisionada que podem ajudar a detetar comportamentos anómalos.

Estabelecer a identidade na tecnologia de cadeia de blocos

- A perda de uma chave é igual à perda de identidade na rede.
- Solução: criar um sistema de identidade e reputação que utilize uma cadeia de blocos capaz de registar as "impressões digitais" dos acontecimentos.
- Pode também registar acontecimentos da vida, como a abertura de contas bancárias, a compra de automóveis, etc.
- É difícil de roubar porque é inesquecível, monitorizado publicamente e com registo de data e hora. **Atenuação de ataques de negação de serviço (DDoS)**
- Um ataque distribuído de negação de serviço ocorre quando uma rede é intencionalmente inundada com quantidades insustentáveis de tráfego ou informações específicas que provocam uma falha.
- Normalmente, estes ataques não têm como objetivo obter informações pessoais ou pedir um resgate por um sistema
- Os atacantes geralmente desencadeiam esses ataques simplesmente para reivindicar o crédito pelo caos.
- A IoT é uma das principais razões pelas quais os ataques DDoS aumentaram 91% no ano passado.
- BlockArmor - Aproveitamento da tecnologia blockchain para aumentar o tamanho da rede e dificultar os ataques DDoS.

O modelo da tríade de segurança da CIA, composto por três domínios;

(1) Confidencialidade,

(2) Integridade

(3) Disponibilidade

- Autenticação, Autorização e Auditoria (AAA), e Não Repúdio, aspectos de segurança fundamentais para a proteção da informação e conceção/gestão de novos sistemas e redes

Confidencialidade

A propriedade de que as informações sensíveis não sejam divulgadas a indivíduos, entidades ou processos não autorizados.

- Acesso à rede
- Acesso e divulgação de dados

Integridade

A integridade é definida como a "proteção contra a modificação ou destruição indevida da informação e inclui a garantia de não repúdio e autenticidade da informação

Imutabilidade

- A combinação de hashing sequencial e criptografia, juntamente com a sua estrutura descentralizada, faz com que seja muito difícil para qualquer parte adulterá-la, ao contrário de uma base de dados padrão
- Direito a ser esquecido
- Rastreabilidade
- Contratos inteligentes
- Qualidade dos dados

Disponibilidade

- Garantir o acesso e a utilização atempada e fiável da informação.
- Nenhum ponto único de falha
- Resiliência operacional

Redundâncias na rede de cadeias de blocos

Numa rede de cadeia de blocos, para que cada nó seja processado, tem de atravessar e processar cada nó intermédio de forma independente para chegar ao nó de destino. Assim, a redundância envolvida na tecnologia de cadeia de blocos afecta o seu desempenho.

Quadro 3.4 Antevisão dos pontos fracos da cadeia de blocos - (Cloud Security Alliance - CSA)

Nome do ponto fraco	Descrição
Exposição da API	Se uma API estiver incorretamente exposta, um atacante pode atacá-la
Ataque de corrida de mineração de blocos	Uma variação do ataque Finney
Mineração de blocos Timejack	Ao isolar um nó, o sinal de tempo pode ser manipulado
Ataque	tirar a vítima da sincronização
Ataque de reordenação de blocos	Certas operações criptográficas, como a utilização de CBC (Cipher Blocker Chaining) ou ECB (Electronic Codebook), permitem incorretamente que os blocos sejam reordenados e que os resultados continuem a ser desencriptados corretamente
Ataque de inundação de pares em Blockchain	Ao criar um grande número de pares falsos numa rede (ponto a ponto ou não), um atacante pode fazer com que os nós reais se tornem mais lentos ou não respondam quando tentam ligar-se aos pares recém-anunciados.

Vantagens da cadeia de blocos

Profissionais da cadeia de blocos

- Atualização quase instantânea
- Cronológico e com carimbo de data/hora
- Criptograficamente selado
- Irreversível e auditável
- Funciona sem confiança
- Menos terceiros

Pontos fracos da cadeia de blocos

- A cadeia de blocos não é um sistema de computação distribuída
- A escalabilidade é um problema
- as transacções são concluídas em função do congestionamento da rede.
- Algumas soluções de cadeia de blocos consomem demasiada energia
- o elevado consumo de energia é o que torna estes problemas matemáticos complexos.
- A cadeia de blocos não pode voltar atrás - os dados são imutáveis
- Não conseguirá eliminar o seu rasto do sistema quando não o quiser.
- As cadeias de blocos são por vezes ineficientes
- problemas de armazenamento - o livro-razão pode facilmente ultrapassar os 100 GB
- Não completamente seguro
- Ataque de 51%, gastos duplos, ataque DDoS:

Os utilizadores são o seu próprio banco: Chaves privadas

Certifique-se de que não a partilha com mais ninguém. Se não o fizer, a sua carteira está em perigo. Além disso, se perder a chave privada, perderá o acesso à carteira para sempre.

- Custos e dificuldades de implementação
- Conhecimentos especializados
- Maturidade

o Tem apenas uma década de existência e precisa de tempo para amadurecer.

- Interoperabilidade

- Sistemas legados

- se quiserem adotar a tecnologia de cadeia de blocos, têm de se desfazer completamente dos seus sistemas e mudar para a tecnologia de cadeia de blocos

CAPÍTULO IV

MINERAÇÃO E MOEDAS CRIPTOGRÁFICAS - COMO UTILIZAR E INTERAGIR

Mineração-Pools-Impacto da CPU e GPU-Transação na rede Bit coin- Mineração de blocosPropagação de blocos e retransmissão de blocos.

4.1 MINERAÇÃO

- A mineração de blockchain é um processo para validar cada passo nas transacções enquanto se opera bitcoin ou outras criptomoedas.
- As pessoas aqui envolvidas são conhecidas como mineiros da cadeia de blocos e funcionam num labirinto de hardware e software computacional - o seu principal objetivo é autenticar a transferência de moeda de um computador da rede para outro.
- As cadeias de blocos são assim designadas devido à sua estrutura de "blocos" e "cadeias".
- Os blocos são compostos por vários bitcoins, que são unidades individuais que armazenam todos os códigos de dados individualmente
- A cadeia refere-se às ligações de um bloco de vizinhança a outro. Cada cadeia de blocos representa um código específico de autenticação explicitamente encriptado no software da rede.
- O processo também é gratificante. O processo de mineração não é gerido por um único utilizador, mas por vários que competem numa autenticação unificada para obter as recompensas. Cada sucesso de mineração vem com um bónus de vários bitcoins.

4.1.1 O processo de extração

Os dados encriptados precisam de ser desencriptados para provar a sua validade. A descodificação dos dados codificados em blocos não é uma tarefa fácil e exige hardware e software computacional, para além do esforço humano. A descodificação de um único código exigirá uma enorme quantidade de tempo e energia, tanto para o computador como para o ser humano.

Uma combinação da velocidade computacional e da inteligência humana resultará nos dados desencriptados que, quando ligados aos blocos adjacentes, verificam a transação. Os blocos de bitcoin ligam-se entre si através de códigos denominados códigos hash. Estes códigos hash cumprem requisitos específicos na solução dos dados encriptados.

Os mineiros precisam de resolver o problema complexo para encontrar o hash de solução perfeito que corresponda e se encaixe. A solução para a encriptação de código oculto é conhecida como "Prova de trabalho". Como o nome sugere, é uma prova da abundância de recursos, tempo e energia que é gasta pelo mineiro. Esta prova de trabalho é difícil de produzir e pode, por vezes, revelar-se de menor rentabilidade.

4.1.2 Tipos de exploração mineira

O processo de extração mineira pode tornar-se muito complexo e um computador de secretária ou PC normal não é suficiente. Em vez disso, é necessário um conjunto único de hardware e software que funcione bem para o utilizador. É útil ter um conjunto personalizado específico para a extração de determinados blocos.

O processo de extração mineira pode ser dividido em três categorias:

1. Exploração mineira individual

Na mineração individual, o utilizador tem de se registar como um mineiro. Assim que ocorre uma transação, todos os utilizadores individuais na rede blockchain recebem um problema matemático. O primeiro a resolver o complexo problema matemático é recompensado. A solução surge após a utilização rigorosa das propriedades de hardware e software do computador, que está a ser utilizado pelo mineiro.

Com a solução a bordo, todos os outros mineradores da rede validarão o valor descriptografado e, em seguida, adicionarão o mesmo ao blockchain. Assim, verificando a transação que acabou de ocorrer.

2. **Exploração de piscinas**

Outro tipo de mineração é o Pool Mining, onde vários utilizadores operam em conjunto para aprovar a transação. Numerosas transacções ocorrem a cada segundo. Por vezes, devido à complexidade dos dados encriptados nos blocos, um único utilizador não consegue desencriptar os dados codificados. Então, toda a equipa de mineiros da rede trabalha em conjunto para resolver o complexo problema numérico e computacional. Depois de o resultado ser validado, a recompensa é também dividida entre todos os utilizadores.

3. **Exploração de nuvens**

Eliminando a utilização de hardware e software de vários computadores, outra forma de extrair a cadeia de blocos é através da extração na nuvem. Sem fazer malabarismos com os parâmetros de hardware e software, eletricidade ou utilização de energia e os problemas de conetividade ou largura de banda, pode extrair os blocos sem problemas com este método.

A mineração em nuvem permite que os utilizadores trabalhem em paz, sem terem de se preocupar com o aquecimento do equipamento ou com problemas de ventilação na gestão do hardware. A preocupação constante de lidar com toda a maquinaria e de se preocupar com os prazos de encomenda ou com os lucros da venda é totalmente eliminada.

Parece rentável, de acordo com os parâmetros do hardware de mineração, mas tem o seu próprio conjunto de desvantagens. Estas incluem a limitação da funcionalidade operacional com as limitações do hashing de bitcoin. A redução dos lucros da recompensa faz com que as despesas operacionais aumentem com a mineração em nuvem. A atualização do software fica limitada com este tipo de extração, o mesmo acontecendo com o processo de verificação envolvido.

4.1.3 Utilização da extração mineira em cadeia de blocos

1. **Validação de transacções**

As Bitcoins são moedas digitais descentralizadas, geridas numa rede informática peer-to-peer e transferidas de um utilizador para outro. As transacções de Bitcoin ocorrem diariamente em grandes números. Mas há um certo atraso em toda a estrutura.

Uma vez que estas criptomoedas funcionam sem um administrador central, existe uma quantidade substancial de insegurança nas transacções que ocorrem. Quando se trata de moeda impressa, a validação reside nos códigos numéricos impressos em cada uma delas. Assim, qual é a autenticação destas moedas criptográficas?

Com cada transação, são adicionados blocos à cadeia de blocos. A validação reside nos resultados de extração dos mineiros da cadeia de blocos.

2. **Confirmação de transacções**

As bitcoins são incorporadas na rede blockchain, codificadas explicitamente nos blocos. Uma transação tem lugar nas redes de bitcoins que estão presentes nos blocos. Os mineiros trabalham no processo de mineração da cadeia de blocos para confirmar se a transação é autêntica ou não. As transacções são confirmadas quando se completa a inclusão no bloco.

3. **Proteger a rede**

Os mineradores de Bitcoin trabalham em conjunto para proteger a rede de transacções. A segurança da rede aumenta com o aumento dos operadores que mineram a cadeia de blocos. A rede descentralizada dificulta a responsabilização de qualquer pessoa em caso de ataque, duplicidade ou atividade fraudulenta. A segurança da rede garante que nenhuma atividade fraudulenta seja realizada com as criptomoedas.

Um processo de verificação de transacções através de blocos e cadeias, com o compromisso combinatório da atividade computacional e do intelecto humano, a exploração mineira de cadeias de blocos acelerou as áreas de validação de métodos específicos e de segurança das transacções em rede.

Há sempre a possibilidade de ameaças de perda de fundos durante a gestão de moedas criptográficas. Com a disponibilidade de diferentes processos de extração, estes mineiros (que trabalham individualmente ou em grupo) têm agora mais opções. Operando com o objetivo principal de autenticar as entregas nas transacções de bitcoin, os mineiros realizam todos os detalhes do código encriptado.

4.1.4 Extração de bitcoin

Pode comprar e negociar bitcoins, ou pode extraí-los. Para minerar bitcoins, os utilizadores são recompensados em bitcoins. Este mecanismo constitui o pivot em torno do qual gira a economia da bitcoin. Embora o custo e a dificuldade de minerar bitcoins individualmente continuem a aumentar, surgiram gradualmente vários serviços de mineração baseados na nuvem. Estes serviços permitem aos utilizadores individuais alugar o poder de processamento do equipamento de extração e extrair bitcoins à distância. No entanto, também é possível minerar bitcoins pessoalmente.

Mineração de Bitcoins na nuvem

- Obter uma carteira de bitcoins: As bitcoins são armazenadas em carteiras digitais de forma encriptada. Isto manterá as suas bitcoins seguras.
- Proteger a carteira: Uma vez que não existe propriedade sobre as bitcoins, qualquer pessoa que tenha acesso à sua carteira pode utilizá-la sem qualquer restrição. Por isso, active a autenticação de dois factores e guarde a carteira num computador que não tenha acesso à Internet ou guarde-a num dispositivo externo.
- Escolha um fornecedor de serviços de mineração em nuvem: Os fornecedores de serviços de extração na nuvem permitem aos utilizadores alugar processamento ou poder de hashing para extrair bitcoins remotamente. Os fornecedores de serviços de mineração em nuvem mais populares são a Genesis Mining e a HashFlare.
- Escolha um pacote de mineração em nuvem: Para escolher um pacote, terá de decidir quanto está disposto a pagar e manter os olhos abertos para o poder de hashing que o pacote irá oferecer. As empresas de extração na nuvem prevêem, na sua maioria, o retorno do investimento (ROI) com base no valor de mercado atual das Bitcoins.
- Escolher um pool de mineração: Esta é a melhor oportunidade que tem para ganhar bitcoins facilmente. Existem muitos pools de mineração que cobram apenas 2% dos seus ganhos totais. Neste caso, terá de criar trabalhadores, que são basicamente subcontas que podem ser utilizadas para controlar as suas contribuições para a pool.
- Coloque os seus ganhos na sua própria carteira segura: Sempre que testemunhar um ROI, basta retirar os seus ganhos e colocá-los na sua própria carteira segura.

Mineração de Bitcoins por conta própria:

- Compre um hardware de mineração personalizado: Você precisa comprar um minerador de circuito integrado específico de aplicativo (ASIC) para minerar bitcoins. Ao comprar um minerador ASIC Blockchain, você deve considerar sua eficácia no poder de hashing e tomar nota de suas políticas de preços.
- Comprar uma fonte de alimentação: Os mineiros de blockchain consomem muita energia. Portanto, obtenha uma fonte de alimentação confiável que seja compatível com o minerador ASIC que você compra.
- Obter uma carteira de bitcoins: As bitcoins são armazenadas em carteiras digitais de forma encriptada. Isto manterá as suas bitcoins seguras.
- Proteger a carteira: Uma vez que não existe propriedade sobre as bitcoins, qualquer pessoa que tenha acesso à sua carteira pode utilizá-la sem qualquer restrição. Por isso, active a autenticação de dois factores e guarde a carteira num computador que não tenha acesso à Internet ou guarde-a num dispositivo externo.
- Escolher um pool de mineração: Esta é a melhor oportunidade que tem para ganhar bitcoins facilmente. Existem muitos pools de mineração que cobram apenas 2% dos seus ganhos totais. Neste caso, terá de criar trabalhadores, que são basicamente subcontas que podem ser utilizadas para controlar as suas contribuições para a pool.
- Ligar a fonte de alimentação ao minerador ASIC Blockchain.
- Ligue o minerador ASIC Blockchain ao seu router.
- Arranque o seu mineiro ASIC.

- Introduza o endereço IP do seu router num navegador Web.
- Localize "dispositivos ligados" na página do router miner.
- Localize o seu mineiro ASIC e clique nele para visualizar as informações do dispositivo.
- Copie e cole o endereço IP do seu mineiro ASIC no seu navegador Web.
- Inicie sessão no ASIC miner com o nome de utilizador e a palavra-passe predefinidos, que são "Root" e "Root".
- Selecione "Miner Configuration" (Configuração do mineiro) para configurar o mineiro de acordo com as suas preferências.
- Digite o URL, o nome de usuário e a senha do seu pool de mineração na página Miner Configuration (Configuração do minerador) do ASIC Miner.
- Clique em "Guardar e aplicar" para guardar as suas credenciais para utilização futura.
- Comece a extrair e, em intervalos periódicos, verifique a sua rentabilidade.
- Coloque os seus ganhos na sua própria carteira segura: Sempre que testemunhar um ROI, basta retirar os seus ganhos e colocá-los na sua própria carteira segura.

4.2 PISCINAS

Pool mineiro

- Os pools de mineração de criptomoeda são grupos de mineiros que partilham os seus recursos computacionais.
- As pools de mineração utilizam estes recursos combinados para aumentar a probabilidade de encontrar um bloco ou de minerar com sucesso a criptomoeda.
- Se o grupo de mineração for bem sucedido e receber uma recompensa, essa recompensa é dividida entre os participantes no grupo.

4.2.1 Funcionamento da Pool de mineração

Individualmente, os participantes numa pool de mineração contribuem com o seu poder de processamento para o esforço de encontrar um bloco. Se o grupo for bem sucedido neste esforço, recebe uma recompensa, normalmente sob a forma da moeda criptográfica associada.

As recompensas são normalmente divididas entre os indivíduos que contribuíram, de acordo com a proporção do poder de processamento ou trabalho de cada indivíduo em relação a todo o grupo. Em alguns casos, os mineiros individuais têm de apresentar provas de trabalho para receberem as suas recompensas.

Qualquer pessoa que pretenda obter lucros através da extração de moeda criptográfica tem a possibilidade de optar por trabalhar a solo com os seus próprios dispositivos dedicados ou de se juntar a um grupo de extração onde vários mineiros e os seus dispositivos se combinam para aumentar a produção de hashing. Por exemplo, a ligação de seis dispositivos de extração que oferecem 335 megahashes por segundo (MH/s) pode gerar um acumulado de 2 gigahashes de potência de extração, conduzindo assim a um processamento mais rápido da função hash.

4.2.2 Métodos de pool de mineração

Nem todos os pools de mineração de criptomoedas funcionam da mesma forma. Existem, no entanto, vários protocolos comuns que regem muitas das piscinas de mineração mais populares.

Os pools de mineração proporcionais estão entre os mais comuns. Neste tipo de pool, os mineiros que contribuem para o poder de processamento do pool recebem acções até ao ponto em que o pool consegue encontrar um bloco. Depois disso, os mineiros recebem recompensas proporcionais ao número de acções que detêm.

As pools de pagamento por ação funcionam de forma semelhante, na medida em que cada mineiro recebe acções pela sua contribuição. No entanto, esses pools fornecem pagamentos instantâneos, independentemente de quando o bloco é encontrado. Um mineiro que contribua para este tipo de pool pode trocar acções por um pagamento proporcional em qualquer altura.

Os pools de mineração peer-to-peer, por sua vez, têm como objetivo evitar que a estrutura do pool se torne centralizada. Como tal, integram uma blockchain separada relacionada com o próprio pool e concebida para evitar que os operadores do pool façam batota, bem como que o próprio pool falhe devido a um único problema central.

4.2.3 Benefícios de uma Pool de Mineração

Embora o sucesso na exploração mineira individual garanta a posse total da recompensa, as probabilidades de sucesso são muito baixas devido aos elevados requisitos de energia e recursos. A extração mineira não é, muitas vezes, um empreendimento lucrativo para os indivíduos. Muitas criptomoedas tornaram-se cada vez mais difíceis de minerar nos últimos anos, à medida que a popularidade destas moedas digitais cresceu e os custos associados ao hardware dispendioso necessário para ser um mineiro competitivo, bem como à eletricidade, ultrapassam muitas vezes as potenciais recompensas.

Os pools de mineração exigem menos de cada participante individual em termos de custos de hardware e eletricidade e aumentam as hipóteses de rentabilidade. Enquanto um mineiro individual pode ter poucas hipóteses de encontrar com sucesso um bloco e receber uma recompensa de mineração, a formação de equipas com outros aumenta drasticamente a taxa de sucesso.

4.2.4 Desvantagens de uma Pool de Mineração

Ao participar numa pool de mineração, os indivíduos abdicam de alguma da sua autonomia no processo de mineração. Normalmente, estão vinculados a termos estabelecidos pelo próprio grupo, que podem ditar a forma como o processo de extração é abordado. São também obrigados a dividir quaisquer potenciais recompensas, o que significa que a quota de lucro é menor para um indivíduo que participa num grupo.

Um pequeno número de pools de mineração, como AntPool, Poolin e F2Pool, dominam o processo de mineração de bitcoin, de acordo com blockchain.com.1 Embora muitos pools façam um esforço para serem descentralizados, esses grupos consolidam grande parte da autoridade para governar o protocolo bitcoin. Para alguns proponentes da criptomoeda, a presença de um pequeno número de poderosos pools de mineração vai contra a estrutura descentralizada inerente ao bitcoin e a outras criptomoedas. Alguns dos melhores pools de mineração são Slush Pool, ViaBTC, Antpool, BTC.com, kanopool, f2pool etc,

4.3 Impacto da CPU e da GPU

Apesar da capacidade da Unidade Central de Processamento (CPU) para resolver problemas, não é o primeiro componente que vem à mente de quem se converte às criptomoedas. Hoje em dia, os equipamentos de mineração contam com racks de ASICs e GPUs supercarregados para produzir Bitcoin e Ethereum - ou até mesmo o todo-poderoso Dogecoin.

4.3.1 Impactos na CPU MINING

Os princípios básicos da extração de CPU são semelhantes aos da extração de GPU, mas o diabo está nos detalhes. Há algumas diferenças importantes que vale a pena mencionar antes de começar.

(#1) Otimização do protocolo

Muitas moedas são otimizadas para tirar proveito da potência da CPU e da GPU. Salad usa sua CPU para minerar Monero (XMR) via XMRig. É uma das moedas mais conhecidas e mais lucrativas para mineração de CPU - embora os resultados nem sempre sejam garantidos.

(#2) Taxas de rendimento variáveis

As taxas de ganho da CPU são afectadas por muitos dos mesmos factores que a mineração GPU, tais como:

- taxa de hash
- refrigeração e manutenção de hardware
- dificuldade de extração e sorte

(#3) Menor potência de hash

As placas gráficas geralmente executam processos especializados, como renderização de gráficos de jogos e efeitos de partículas, enquanto a CPU é um pau para toda obra. É como se fosse o cérebro do seu computador, encarregado de supervisionar tudo, desde as folhas de cálculo do Excel até aos 50 separadores do browser que tem abertos para um dia destes.

Quanto mais processos em segundo plano você tiver em execução, menos energia livre sua CPU terá para contribuir com o hashing. Isso torna a mineração da CPU essencialmente ineficaz, a menos que você esteja realmente AFK. A ampla gama de responsabilidades da CPU se beneficia de seu conjunto de habilidades igualmente amplo. Mas quando se trata de cálculos altamente paralelizados necessários para a mineração, a GPU brilha. Uma CPU não pode produzir o mesmo poder de hash bruto que uma GPU produz, e você pode ganhar mais lentamente como resultado.

Especialização em hardware

Fora da mineração de Bitcoin (que é dominada por ASICs), a maior parte do poder de hash do blockchain é derivada de GPUs. Isso ocorre porque os mineradores de CPU enfrentam limitações de hardware notáveis, incluindo:

- depender da RAM em vez da VRAM para os hashrates
- sensibilidade elevada a processos e aplicações em segundo plano
- menos unidades lógicas aritméticas (ALUs) - fazem menos cálculos.

Em termos simples: ao contrário da maioria das placas gráficas de consumo, o seu CPU não tem RAM dedicada. Ela depende inteiramente dos sticks da sua placa-mãe para dar suporte. Você pode ter uma CPU incrível com 12 núcleos, hyperthreading e tudo o mais - mas não pode ir longe com 2 GB de RAM.

4.3.1.1 A extração mineira de CPU irá danificar o seu computador?

Enquanto a mineração de GPU é considerada segura para uso a longo prazo, a mineração de CPU ainda está em aberto. A sua principal preocupação com qualquer peça importante de hardware de PC deve ser o **sobreaquecimento**. Temperaturas inseguras em componentes vitais (como a GPU e a CPU) podem resultar em falha imediata e possivelmente causar danos permanentes ao seu equipamento.

Para aqueles que estão a suar de nervosismo, fiquem descansados! O pior que poderá encontrar é um ecrã azul ou um encerramento. Os controladores são inteligentes e utilizarão todos os meios necessários para proteger o seu PC de um colapso total.

Mas muitos CPUs não têm drivers estranhos e não serão actualizados com a mesma frequência que o seu GPU - por isso, é seu dever proteger os cérebros dos seus PCs de ficarem baralhados. Aqui estão algumas dicas profissionais para minerar com segurança com sua CPU:

Manter a temperatura da CPU baixa

A maioria das CPUs permite verificar a temperatura de funcionamento diretamente na BIOS, mas um software de terceiros como o HWMonitor pode ser útil para a manter debaixo de olho. Geralmente recomendamos manter a temperatura da CPU abaixo de 80°C. Existe espaço de manobra em ambos os lados desse número (dependendo do seu modelo específico, overclocking e outros factores), mas é uma boa referência.

Limitar outros processos

Quanto mais pedir à sua CPU para fazer, mais ela trabalhará. Quanto mais ela trabalhar, mais quente ficará. Para evitar que o seu PC se avarie - devido ao calor ou a uma simples sobrecarga - mantenha o mínimo de processos em segundo plano e simultâneos durante a exploração mineira.

Tentar ver vídeos do YouTube, jogar jogos ou mesmo navegar na Internet pode sobrecarregar desnecessariamente a sua CPU e causar problemas de desempenho. Para não mencionar que isso reduzirá seriamente suas taxas de ganho. A mineração de CPU é uma atividade estritamente AFK.

Limpe o seu computador com frequência

Deve haver o mínimo possível de poeira e detritos no interior do seu PC, até as ventoinhas e placas. Pegue numa lata de ar comprimido e vá para a cidade no interior do seu PC - tudo precisa de uma boa limpeza de primavera de vez em quando.

Preste especial atenção às ventoinhas da GPU e da CPU, uma vez que estas arrefecem diretamente os componentes mais quentes e tendem a ficar obstruídas rapidamente. Tenha também o cuidado de dar ao seu PC espaço para respirar.

Instalar sistemas ou componentes de arrefecimento

O arrefecimento extra nunca é mau, desde que se preste atenção à manutenção de fluxos de ar adequados. Existe uma gama de componentes que pode adicionar para ajudar a manter o seu PC agradável e fresco, tais como:

- Ventoinhas para caixas de PC
- filtros de pó
- arrefecedores para CPU de substituição
- banhos de gelo e azoto líquido

Qualquer um destes extras pode ajudar a manter os seus componentes vitais em intervalos de temperatura seguros.

Utilizar com precaução os computadores portáteis

Os computadores portáteis têm-se tornado cada vez mais potentes ao longo dos anos e muitos deles estão ao nível das plataformas de jogos de alto desempenho. No entanto, há uma desvantagem que um computador portátil nunca poderá ultrapassar: o interior apertado.

Os designers de computadores portáteis têm de economizar espaço, o que muitas vezes significa colocar componentes importantes uns ao lado dos outros, sem espaço para ventoinhas e componentes de arrefecimento adicionais. Como resultado, os computadores portáteis tendem a aquecer. Se não estiver a vigiar a temperatura interna, utilizar um portátil para mineração de CPU pode ser arriscado (a menos que viva no Ártico). Os mineiros que utilizam computadores portáteis devem ter o máximo cuidado para garantir o melhor arrefecimento possível.

4.3.2 Impactos na GPU MINING

- Uma GPU, ou unidade de processamento gráfico, é responsável pela renderização digital num sistema informático.
- Devido ao potencial de potência de uma GPU em comparação com uma CPU, ou unidade central de processamento, elas se tornaram mais úteis na mineração de blockchain devido à sua velocidade e eficiência.
- O ritmo acelerado dos avanços tecnológicos determinará se as GPUs continuarão a ser o padrão para a mineração de criptomoedas de alto nível.

4.3.2.1 GPUs ajudam na mineração de criptomoedas

A mineração de criptomoedas foi originalmente realizada usando CPUs, ou Unidades Centrais de Processamento. No entanto, a sua velocidade de processamento limitada e o elevado consumo de energia levaram a uma produção limitada, tornando o processo de extração baseado em CPU ineficiente.

Entra a mineração baseada em GPU, que oferecia vários benefícios em relação ao uso de CPUs. Uma GPU padrão, como uma Radeon HD 5970, atingia velocidades de processamento de execução de 3.200 instruções de 32 bits por clock, o que era 800 vezes mais do que a velocidade de uma CPU que executava apenas 4 instruções de 32 bits por clock.

É esta propriedade da GPU que a torna adequada e melhor para a extração de moeda criptográfica, uma vez que o processo de extração exige uma maior eficiência na realização de tipos semelhantes de cálculos repetitivos. O dispositivo de extração tenta continuamente descodificar os diferentes hashes repetidamente, com apenas um dígito a mudar em cada tentativa.

As GPUs também estão equipadas com um grande número de Unidades Lógicas Aritméticas (ALU), que são responsáveis pela realização de cálculos matemáticos. Graças a estas ALU, a GPU é capaz de efetuar mais cálculos, o que leva a melhores resultados para o processo de extração de criptomoedas.

4.3.3 GPU vs. CPU

Cada computador normal está equipado com uma Unidade Central de Processamento (CPU), que é um dispositivo de processamento que actua como mestre de todo o sistema informático. Executa as funções de controlo de todo o computador com base na lógica do sistema operativo e do software instalado no computador. As funções típicas - como guardar este ficheiro como MS Word, imprimir esta folha de cálculo ou executar este vídeo no VLC Media Player - são controladas pela CPU.

Uma GPU é outro dispositivo de processamento, mas que funciona exclusivamente para lidar com funções de visualização. É a parte de um computador que é responsável pelo seu sistema de renderização de vídeo.

A função típica de uma GPU é executar e controlar a renderização de efeitos visuais e gráficos 3D, para que a CPU não tenha de se envolver nos pormenores minuciosos dos serviços de renderização de vídeo. Ocupa-se de tarefas com grande intensidade gráfica, como a edição de vídeo, a visualização de jogos e a descodificação e renderização de vídeos e animações 3D.

Para fazer uma analogia, o mestre (CPU) que gere toda a organização (o sistema informático) tem um funcionário dedicado (GPU) para se ocupar de um departamento especializado (funções de renderização de vídeo).

Esta configuração permite que a CPU execute as tarefas diversificadas de alto nível para gerir todo o computador, enquanto a GPU é responsável pelas funções de vídeo em que é especialista. Uma CPU executará a função de abrir um ficheiro de vídeo no Windows Media Player, mas assim que o ficheiro for aberto, a GPU assume a tarefa de o apresentar corretamente.

As GPUs existem há anos, mas enfrentam a concorrência de dispositivos melhorados da nova era. Estes incluem os FPGAs (Field Programmable Gate Arrays) e os ASICs (Application Specific Integrated Circuits), que são melhores do que as CPUs e as GPUs na realização de cálculos de hash, uma função essencial para a gestão da cadeia de blocos na moeda criptográfica.

4.4 Transação em Bitcoin

- A Bitcoin é uma moeda digital, um sistema descentralizado que regista as transacções num livro-razão distribuído chamado blockchain.
- Os mineiros de Bitcoin utilizam plataformas informáticas complexas para resolver puzzles complicados, num esforço para confirmar grupos de transacções denominados blocos; em caso de sucesso, estes blocos são adicionados ao registo da cadeia de blocos e os mineiros são recompensados com um pequeno número de bitcoins.
- Outros participantes no mercado Bitcoin podem comprar ou vender tokens através de bolsas de criptomoedas ou peer-to-peer.
- O livro-razão da Bitcoin está protegido contra fraudes através de um sistema sem confiança; as bolsas de Bitcoin também trabalham para se defenderem contra potenciais roubos, embora tenham ocorrido roubos de alto nível.
- A transação de Bitcoin é uma secção de dados confirmada por uma assinatura de Bitcoin. É enviada para a rede Bitcoin e forma blocos. Normalmente, contém referências a transacções anteriores e associa um determinado número de bitcoins a uma ou várias chaves públicas (endereços Bitcoin). Não é encriptado porque não há nada para encriptar no sistema Bitcoin. Um navegador Blockchain é onde todas as transações são combinadas na forma de um blockchain. Elas podem ser encontradas e verificadas. Isto é necessário para determinar os parâmetros técnicos da transação, bem como para verificar os detalhes dos pagamentos.

Quadro 1 O formato geral de todas as transacções de bitcoin

Campo	**Descrição**	**Tamanho**
Versão número	Atualmente 1	4 bytes
No balcão	Número inteiro positivo VI = Varlnt	1-9 bytes
Lista de entradas	A primeira entrada da primeira transação é também designada por coinbase	<In-counter> muitas entradas
Fora contador	Número inteiro positivo VI = Varlnt	1-9 bytes
Lista de resultados	A primeira saída da primeira transação utiliza Bitcoins encontrados para o bloco	<out-counter> muitas saídas
Tempo de bloqueio	Se não for igual a 0 e os números de sequência forem inferiores a OxFFFFFFFF: altura do bloco ou carimbo de data/hora (para transacções finais)	4 bytes

Dados

Entrada:

Previous tx: f5d8ee39a430901c91a5917b9f2dc19d6d1a0e9cea205b009ca73dd04470b9a6

Índice. 0

scriptSig: 304502206e21798a42fae0e854281abd38bacd1aeed3ee3738d9e1446618c4371d10 90db022100e2ac980643b0b82c0e88ffdfec6b64e3 e6ba35e7ba5fdd7d5d6cc8d25c6b241501 Output:

Valor: 5000000000

scriptPubKey: OP_DUP OP_HASH160 404371705fa9bd789a2fcd52d2c580b65d35549d OP_EQUALVERIFY OP_CHECKSIG

Fig 4.1 bitcoin com entrada e saída

Interpretação

A entrada nesta transação importa 50 BTC da saída # 0 nas transacções f5d8..., depois a saída envia 50 BTC para um endereço Bitcoin (aqui expresso sob a forma de um sistema hexadecimal - 4043.). Quando o destinatário quiser gastar o seu dinheiro, fará referência ao output # 0 desta transação para o input da sua própria transação.

Entrada

O ecossistema mineiro

Input é uma referência à saída de outra transação. Uma transação possui frequentemente vários inputs. Os valores destas referências são retomados e o valor total de bitcoins pode ser utilizado para a saída da transação atual. Previous tx é o hash de uma transação anterior. Index é um determinado output desta transação. ScriptSig é a primeira metade do script (ver abaixo para mais detalhes sobre isto).

O guião é composto por dois elementos: a assinatura e a chave pública. A chave pública pertence ao utilizador que aplica os resultados da transação e confirma que o criador da transação tem o direito de dispor da soma de dinheiro obtida com os resultados. Outro elemento é a EDCSA (assinatura hash de uma versão simplificada da transação). Em combinação com a chave pública, esta assinatura confirma que a transação foi criada pelo verdadeiro proprietário deste endereço Bitcoin.

Saída

A saída contém instruções sobre o envio dos bitcoins. O valor é um montante em satoshi (1 BTC = 100000000 satoshi), que pode ser utilizado pela transação para a qual a transação atual é a entrada. ScriptPubKey é a segunda metade do guião (será explicada mais tarde). Pode haver mais do que uma saída e estas partilharão o montante enviado pelas entradas. Cada saída da transação só pode ser utilizada uma vez como entrada para a transação seguinte, pelo que a soma de todas as entradas da transação atual deve ser utilizada na saída. Caso contrário, a soma restante das entradas da transação será perdida. Por exemplo, se a entrada for igual a 50BTC e o utilizador só tiver de enviar 25BTC, a Bitcoin cria duas saídas de 25BTC cada: uma irá para o destino, a outra irá novamente para o proprietário dos fundos (o chamado "troco" - uma transação em que o utilizador envia, de facto, dinheiro para si próprio). Qualquer montante remanescente da entrada de bitcoins não utilizado na transação tornar-se-á a taxa da transação. A pessoa que gera o bloco receberá esta taxa.

Verificação da transação

Para verificar se as entradas estão autorizadas a recolher as somas necessárias das saídas das transacções anteriores, a Bitcoin utiliza o sistema padrão do script (ver abaixo) de entrada scriptSig e saída scriptPubKey que esta transação referencia. Eles são avaliados com a ajuda do scriptPubKey usando os valores restantes na pilha scriptSig.

A entrada é confirmada se o script scriptPubKey devolver um valor "verdadeiro". Utilizando o sistema de scripts, o remetente pode criar condições muito complexas a cumprir por aqueles que pretendem obter o valor de saída. Por exemplo, é possível criar uma entrada que qualquer utilizador obterá sem autorização. É igualmente possível solicitar que a entrada seja assinada por 10 chaves diferentes ou verificada por palavra-passe.

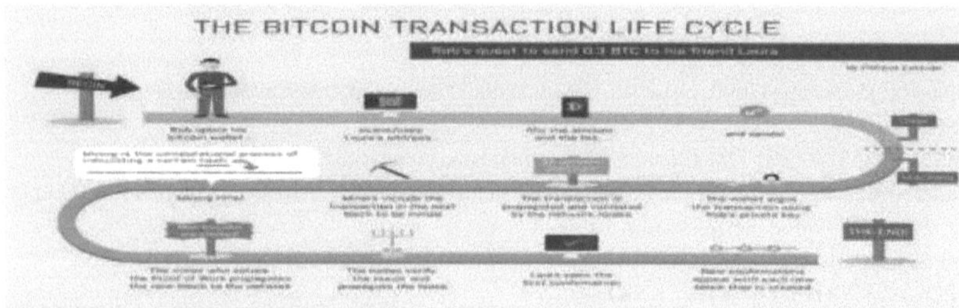

Fig 4.2 Ciclo de vida da transação Bitcoin

Quadro 4.2 Formato geral de cada entrada de transação - Txin

Campo	Descrição	Tamanho
Hash da transação anterior	Hashed duplo SHA256 da transação anterior	32 bytes
Índice Txout- anterior	Número inteiro aritmético. Indexa as saídas da transação anterior	4 bytes
Lista de entradas	A primeira entrada da primeira transação é também designada por coinbase	<No balcão>muitos entradas
Comprimento do guião Txin	Número inteiro aritmético VI = Varlnt	1-9 bytes
Txin-script / scriptSig	Script	<comprimento no script> muitos bytes
Número de sequência	Normalmente 0[FFFFFFFF; funciona no caso de o tempo de bloqueio da transação > 0	4 bytes

A entrada descreve adequadamente onde e como pode ser obtido o número de bitcoins que

podem ser resgatadas pelo seu novo proprietário. Se for a única entrada da primeira transação do bloco, é designada por entrada da transação gerada. O seu conteúdo é completamente ignorado.

Quadro 4.3 Formato geral de cada saída de transação - Txout

Campo	Descrição	Tamanho
Valor	Número inteiro aritmético que indica o montante de satoshi (BTE/10^ 8) necessário para as transacções	8 bytes
Comprimento do guião Txout-	Pilha aritmética	1-9 bytes
Txout-script / scriptPubKey	Script	<comprimento do script de saída> muitos bytes

O resultado determina as condições de utilização dos dados Bitcoin nas transacções seguintes,

a soma dos valores de saída da primeira transação no bloco é um valor de bitcoins retirado para o bloco. Aqui é adicionado um montante de taxa das outras transacções adicionadas a este bloco.

Confirmação da transação

Uma transação é uma transferência de valor entre carteiras Bitcoin que é incluída na cadeia de blocos. As transacções de Bitcoin não são imediatas. Quando um utilizador deseja enviar bitcoins, a informação é transmitida da sua carteira para os (utilizadores da) rede, que verificam se o utilizador tem moedas suficientes e se estas nunca foram gastas anteriormente. Uma vez validada, os mineiros incluirão esta transação - juntamente com outras - num novo bloco da cadeia de blocos. A isto chama-se uma confirmação de transação. Diz-se agora que a transação é "0/não confirmada"

Cada vez que um novo bloco é adicionado à cadeia (a cada dez minutos), diz-se que a transação é novamente confirmada. Como consenso, muitos utilizadores esperam que uma transação seja confirmada seis vezes (após cerca de sessenta minutos) antes de a aceitarem como pagamento, para evitar gastos duplos. Normalmente, os utilizadores mostram uma transação como "n/unconfirmed" (não confirmada) até que esta tenha seis blocos de profundidade.

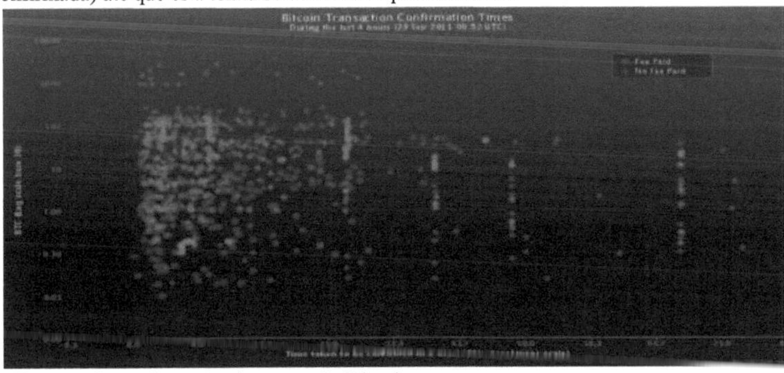

Fig 4.3 Tempos de confirmação da transação Bitcoin

Taxa atual de transação de bitcoin

Atualmente, uma grande quantidade de transacções é processada de forma a que a comissão não seja necessária. Ao mesmo tempo, no caso de uma transação ter muitos pontos de entrada (por exemplo, transportar grandes quantidades de dados), uma pequena comissão não é invulgar.

Qualquer mineiro pode ser aquele que processa a transação e ganha a taxa de comissão. Quando a rede encontra um novo bloco, inclui toda a informação sobre as transacções, incluindo a sua comissão. Assim, qualquer utilizador ou grupo de utilizadores que encontre esse bloco ganhará tanto a recompensa pelo bloco como as taxas de comissão por cada transação nele incluída.

A inclusão de comissões numa transação é uma decisão voluntária, mas um utilizador que encontre um bloco pode anexar quaisquer transacções que queira a esse bloco. Desta forma, as transacções com 0 comissão têm a prioridade mais baixa, enquanto as transacções com a mínima comissão possível (~0,0001 BTC no momento atual) têm prioridade padrão e serão mais provavelmente incluídas no bloco.

Custo da transação de Bitcoin

As taxas de transação (custo da transação de Bitcoin) estão incluídas na sua transação de bitcoin para que a sua transação seja processada por um mineiro e confirmada pela rede Bitcoin. O espaço disponível para transacções num bloco é atualmente limitado artificialmente a 1 MB na rede Bitcoin. Isto significa que, para que a sua transação seja processada rapidamente, terá de superar a oferta de outros utilizadores. Os preços das transacções de Bitcoin apresentados nos gráficos e tabelas históricas estão em dólares americanos por transação e em satoshis por byte

4.5 EXTRACÇÃO DE BLOCOS

Um processo informático peer-to-peer, a mineração Blockchain é utilizada para proteger e verificar as transacções de bitcoin. A mineração envolve mineiros de Blockchain que adicionam dados de transacções de bitcoin ao livro-razão público global de transacções passadas da Bitcoin. Nos registos, os blocos são protegidos pelos mineiros da cadeia de blocos e estão ligados uns aos outros formando uma cadeia.

Quando falamos em profundidade, ao contrário dos sistemas tradicionais de serviços financeiros, as Bitcoins não têm uma câmara de compensação central. As transacções de Bitcoin são geralmente verificadas em sistemas de compensação descentralizados em que as pessoas contribuem com recursos de computação para verificar as mesmas. Este processo de verificação das transacções chama-se mineração. É provavelmente referido como mineração, pois é análogo à mineração de mercadorias como o ouro - minerar ouro requer muito esforço e recursos, mas há uma oferta limitada de ouro; portanto, a quantidade de ouro que é minerada a cada ano permanece aproximadamente a mesma. Da mesma forma, é consumido muito poder de computação no processo de extração de bitcoins. O número de bitcoins que são gerados a partir da extração diminui com o tempo. Nas palavras de Satoshi Nakamato, existe uma oferta limitada de bitcoins - apenas 21 milhões de bitcoins serão criados.

Na sua essência, o termo "Blockchain mining" é utilizado para descrever o processo de adicionar registos de transacções à cadeia de blocos da Bitcoin. Este processo de adicionar blocos à cadeia de blocos é a forma como as transacções são processadas e como o dinheiro circula de forma segura em Bitcoins. Este processo de mineração da cadeia de blocos é efectuado por uma comunidade de pessoas em todo o mundo chamada "mineiros da cadeia de blocos".

Qualquer pessoa pode candidatar-se para se tornar um mineiro de Blockchain. Estes mineiros de Blockchain instalam e executam um software especial de mineração de Blockchain que permite que os seus computadores comuniquem de forma segura uns com os outros. Quando um computador instala o software, junta-se à rede e começa a minerar bitcoins, torna-se naquilo a que se chama um "nó". Em conjunto, todos estes nós comunicam entre si e processam transacções para adicionar novos blocos à cadeia de blocos (blockchain), normalmente conhecida como a rede bitcoin. Esta rede bitcoin funciona durante todo o dia. Processa o equivalente a milhões de dólares em transacções de bitcoin e nunca foi pirateada ou sofreu um período de inatividade desde o seu lançamento em 2009

4.6 PROPAGAÇÃO EM BLOCO

A falta de escalabilidade é conhecida por ser o principal obstáculo à adoção em massa da tecnologia de cadeias de blocos. Muitos projectos emergentes afirmam ter uma bala mágica que pode resolver o problema. No entanto, essas afirmações nem sempre são válidas. Infelizmente, muitos observadores e investidores não se apercebem do cerne e da raiz deste problema.

Sem uma investigação profunda e uma formação técnica considerável, é difícil determinar estrangulamentos e compromissos ocultos. Neste post, vamos discutir um gargalo bem conhecido que impede o Bitcoin de escalar.

Pouco depois da invenção da rede descentralizada peer-to-peer Bitcoin, os investigadores interessaram-se em saber o que determina os limites da escala da Bitcoin. Em breve, a questão central foi determinada e descrita em termos de tempo de propagação de blocos ou atraso de propagação de blocos. É o tempo médio necessário para que o novo bloco atinja a maioria dos nós da rede. Em uma grande rede descentralizada como a Bitcoin, sempre que o novo bloco é gerado, ele é transmitido de acordo com o protocolo Gossip. Se algum nó tiver o novo bloco válido, ele informa os nós conectados a ele sobre sua nova posse. Em seguida, o nó transfere este bloco para os nós que lhe pediram para o fazer. Antes de o bloco chegar a cada nó completo da rede, passa por 7 nós intermediários. É importante que cada nó honesto verifique o bloco antes de o retransmitir a outros pares.

Obviamente, tudo isto demora algum tempo. Cada novo bloco agita a rede e faz com que os nós e as ligações ethernet entre eles trabalhem na sua potência máxima. Pode-se argumentar que, desde o lançamento da rede, houve muitas melhorias no protocolo Gossip. Por exemplo, a proposta de melhoria do Bitcoin BIP 0152 introduziu a opção de transferir apenas IDs de transacções curtas, em vez da lista completa de transacções, no corpo do bloco.

No entanto, se o nó não tiver essa transação no seu mempool, tem de pedir aos seus pares que a transfiram numa mensagem separada. Se houver um grande número de transacções deste tipo no bloco, a melhoria do BIP 0152 desaparece. Uma vez que a transmissão de dados é a parte mais demorada da retransmissão de blocos, os investigadores interessaram-se em determinar quanto tempo é necessário para que um pacote de dados de uma determinada dimensão chegue a 50%, 90% ou 95% dos nós da rede.

Verificou-se que, para blocos de tamanho superior a 20kB, o atraso de propagação do bloco é quase proporcional ao tamanho do bloco. De acordo com uma pesquisa publicada em 2013, cada kB extra de dados no bloco causava um atraso extra de 80 ms na propagação do bloco. Desde então, têm sido publicados todos os anos alguns artigos académicos e estudos sobre este tema. Estes actualizam os dados acima referidos e discutem várias propostas de melhoria. Além disso, o site monitoriza o estado atual da rede Bitcoin e o tempo de propagação dos blocos. Além disso, fornece gráficos com dados

históricos sobre este assunto.
A maioria das redes de blockchain bem estabelecidas tem o mesmo design do Bitcoin. Como resultado, o tempo de propagação do bloco nessas redes obedece às mesmas regras. Infelizmente, o tempo de propagação do bloco tem um efeito enorme na segurança do blockchain. Quanto maior o tempo de propagação na rede, mais frequentemente os mineiros minam em cima de blocos antigos.
Como resultado, a bifurcação da cadeia principal ocorre com mais frequência e a percentagem de blocos órfãos aumenta. O longo atraso de propagação leva ao chamado dilema dos verificadores. Alguns nós podem achar que pular a etapa de verificação de blocos pode ser uma estratégia lucrativa. Nesse caso, eles correm o risco de minerar em cima do bloco errado. No entanto, se o tempo de verificação do bloco for significativo, essa estratégia pode ser lucrativa. Os investigadores descobriram que um longo atraso de propagação reduz a resistência do nó contra ataques de 51% e mineração egoísta.
Para resolver o problema acima mencionado, os criadores de cadeias de blocos tentam frequentemente manter o tempo de propagação do bloco inferior a 1% do tempo médio do bloco. Isso é verdade para Bitcoin, Ethereum e outras grandes redes de blockchain que são baseadas no consenso PoW. Por esta razão, o tempo de propagação do bloco para 50% dos nós na rede Bitcoin é frequentemente inferior a 6 segundos. Embora a retransmissão rápida de blocos, como a descrita no BIP 0152, reduza o tempo médio de propagação de blocos, na pior das hipóteses pode levar mais tempo do que o protocolo básico. É importante que, mesmo no pior cenário, o atraso de propagação seja razoável para que os mineradores mantenham seus nós sincronizados na maior parte do tempo e sempre verifiquem os blocos propostos.
Sempre que as pessoas falam sobre a escalabilidade da cadeia de blocos, mencionam a taxa de transação do sistema. No entanto, as pessoas esquecem-se de que as melhorias no débito das transacções não devem comprometer a segurança da rede, nem aumentar os requisitos de armazenamento de dados para os nós que desejam participar na rede. Estas modificações poderiam diminuir o número de validadores de transacções independentes na rede, reduzindo assim a descentralização.
A taxa de transferência de transacções em Bitcoin pode ser facilmente calculada utilizando a fórmula:

$$\text{Throughput} = \frac{B_{size}}{T_{size} \cdot B_{time}},$$

onde
Bsize é o tamanho do bloco em bytes,
Tsize é a dimensão média do registo da transação no bloco,
Btime é o tempo médio entre blocos consecutivos na cadeia de blocos.
Obviamente, o débito da transação pode ser aumentado aumentando o tamanho do bloco, reduzindo o tamanho do registo da transação ou reduzindo o intervalo entre blocos. É bastante difícil reduzir o tamanho dos registos de transação.
Em vez disso, pode-se tentar as outras duas opções. No entanto, essas ações aumentarão a porcentagem de tempo gasto na propagação de blocos. Assim, a segurança e a descentralização da rede podem ficar comprometidas.
Pode-se notar que no protocolo Bitcoin descrito, os recursos da rede são utilizados de forma ineficiente. Cada nó processa e transmite os dados vitais sobre um novo bloco apenas numa pequena fração de tempo. A sua largura de banda de rede é realmente importante, mas é utilizada na totalidade apenas durante alguns segundos de cada vez. No resto do tempo, este nó transmite apenas transacções pendentes e dados auxiliares. Esta observação inspirou os investigadores a procurar concepções de protocolos mais eficientes que pudessem melhorar drasticamente o débito das transacções sem comprometer a segurança e a descentralização da rede.

4.7 Relé de bloqueio

As redes blockchain são compostas por dezenas de milhares de nós. Imaginemos que cada nó estava a retransmitir todas as transacções para todos os outros nós. Quanto mais nós existirem na rede, maior será o número de retransmissões que terá de efetuar. A certa altura, passaria tanto tempo a retransmitir transacções que não teria tempo para produzir blocos.

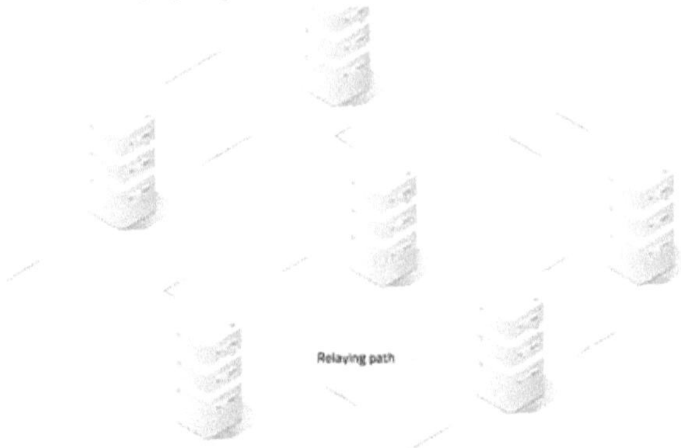

Fig 4.4 Relé de bloco

Em vez disso, a retransmissão segue regras um pouco mais flexíveis. Eis alguns exemplos interessantes de tais regras:

- Em vez de enviar para todos os outros nós na rede blockchain, os nós escolhem um subconjunto de nós para enviar. Por exemplo, um nó pode retransmitir transacções a todos os 7 nós que conhece. Devido ao facto de os diferentes nós escolherem subconjuntos diferentes, muito rapidamente todos recebem a informação.
- Cada nó retransmite a mesma transação apenas uma vez. Se voltarem a receber a mesma transação, deixam de a retransmitir (uma vez que já a enviaram para o subconjunto que escolheram)

O ato de retransmitir transacções e outras informações importantes entre nós tem o nome lúdico de "mexericos".

CAPÍTULO V

CASOS DE UTILIZAÇÃO-APLICAÇÕES EM DIFERENTES DOMÍNIOS

Programa de estudos

Aplicações industriais da cadeia de blocos - Cadeia de blocos no governo - Casos de utilização governamental - Prevenção da cibercriminalidade através da cadeia de blocos - Cadeia de blocos na defesa, pagamentos de impostos.

5.1 Aplicações industriais da cadeia de blocos

As aplicações da indústria baseiam-se em registos de cadeia de blocos para serviços de mobilidade inovadores, rastreabilidade da cadeia de fornecimento e transacções financeiras fiáveis. A cadeia de blocos pode ajudar a criar eficiência, transparência e confiança com um registo partilhado e autorizado da propriedade, localização e movimento de peças e bens. A versatilidade dos registos da cadeia de blocos torna-os perfeitos para acompanhar os novos modelos de negócio inovadores.

Os automóveis actuais não são apenas dispositivos de transporte autónomos - são plataformas de software complexas e ligadas em rede sobre rodas. Os veículos precisam cada vez mais de incorporar serviços de mobilidade seguros e contínuos, lidando com micropagamentos e outras interações com serviços de partilha de boleias, infraestruturas de transporte inteligentes e carregamento de veículos elétricos. O serviço eWallet para carros com base em blockchain fornecido através da IBM Cloud™, permitindo micropagamentos sem dinheiro para portagens, taxas de congestionamento, carregamento elétrico, estacionamento e até mesmo fazer pagamentos entre veículos. O sistema também pode permitir que um veículo seja usado como um ponto de entrega seguro para pacotes, com acesso autorizado ao seu porta-malas.

Cadeia de fornecimento

Desafios O fabrico de automóveis é verdadeiramente global. As peças são adquiridas em todo o mundo - e os veículos concluídos podem ser conduzidos em qualquer parte do mundo. Para fazer face à contrafação de peças e à recolha de produtos com defeitos, a rastreabilidade é crucial para compreender os movimentos pós-venda de um veículo. Para manter a segurança e a fiabilidade, os fabricantes devem ser capazes de seguir os movimentos dos veículos para os reguladores e compradores. À semelhança da indústria automóvel, a Boeing está a implementar uma solução baseada na IBM Blockchain para tornar a informação de toda a cadeia de fornecimento acessível a fornecedores de componentes, proprietários e mantenedores de aeronaves e entidades reguladoras. E no caso de um problema de segurança de componentes, o mesmo tipo de tecnologia IBM que está a ser aplicada para permitir recolhas de alimentos atempadas e eficientes pode ajudar os fabricantes de automóveis e os fornecedores de peças a perceber rapidamente onde estão as peças.

Finanças

Desafios Desde as encomendas de peças e o financiamento da compra de frotas até à gestão de cartas de crédito e à obtenção de cobertura de seguro, cada passo da cadeia de fornecimento automóvel é sustentado por pagamentos. A rastreabilidade e a transparência da Blockchain tornam-na perfeita para acompanhar as transacções que conduzem a compras, acordos de expedição, transacções de concessionários e milhões de micropagamentos em serviços de mobilidade. Os contratos inteligentes apoiados em Blockchain vão muito além do rastreio e da visibilidade para incluir fundos libertados apenas em caso de entrega satisfatória. A Mahindra, uma potência industrial, implementou a cadeia de abastecimento nas finanças, um exemplo disso. Agora, está a trabalhar com a IBM para criar uma plataforma comum de cadeia de blocos para transacções entre fornecedores e fabricantes, permitindo a visibilidade das transacções quase em tempo real e comunicações simplificadas para promover a confiança e a transparência em todo o seu ecossistema empresarial.

Casos de utilização de cadeias de blocos no sector bancário e financeiro

Pagamentos internacionais

A cadeia de blocos proporciona uma forma segura e eficiente de criar um registo à prova de adulteração de actividades sensíveis. Isto torna-a excelente para pagamentos internacionais e transferências de dinheiro. Por exemplo, em abril de 2018, o Banco Santander lançou o primeiro serviço de transferência de dinheiro baseado em blockchain do mundo. Conhecido como "Santander One Pay FX", o serviço usa o xCurrent da Ripple para permitir que os clientes façam transferências internacionais de dinheiro no mesmo dia ou no dia seguinte.

Mercados de capitais

Os sistemas baseados em cadeias de blocos também têm o potencial de melhorar os mercados de capitais. Um relatório da McKinsey identifica os benefícios que as soluções de cadeia de blocos oferecem aos mercados de capitais, alguns dos quais incluem:

- Compensação e liquidação mais rápidas
- Pista de auditoria consolidada
- Melhorias operacionais

A startup Axoni foi fundada em 2013 e desenvolve soluções baseadas em blockchain especificamente para a melhoria do mercado de capitais. Mais recentemente, a Axoni anunciou o lançamento de uma rede de registo distribuído para gerir transacções de equity swap - permitindo que ambos os lados de um equity swap sejam sincronizados ao longo do seu ciclo de vida, comunicando alterações entre si em tempo real.

Financiamento do comércio

Os métodos históricos de financiamento do comércio têm sido um grande problema para as empresas, porque os processos lentos interrompem frequentemente a atividade e tornam a liquidez difícil de gerir. O comércio transfronteiriço envolve um grande número de variáveis na comunicação de informações - como o país de origem e os detalhes do produto - e as transacções geram grandes volumes de documentação. A Blockchain tem a capacidade de agilizar as transacções de financiamento do comércio e simplificar o processo transfronteiriço. Permite que as empresas efectuem mais facilmente transacções entre si para além das fronteiras regionais ou geográficas.

A natureza extremamente segura da cadeia de blocos torna-a bastante útil para a contabilidade e a auditoria, uma vez que diminui significativamente a possibilidade de erro humano e garante a integridade dos registos. Além disso, ninguém pode alterar os registos da conta depois de estes estarem bloqueados utilizando a tecnologia de cadeia de blocos, nem mesmo os proprietários dos registos. A desvantagem aqui é que a tecnologia de cadeia de blocos pode, em última análise, eliminar a necessidade de auditores e eliminar postos de trabalho.

Proteção contra o branqueamento de capitais

Mais uma vez, a encriptação que é parte integrante da cadeia de blocos torna-a extremamente útil no combate ao branqueamento de capitais. A tecnologia subjacente permite a manutenção de registos, o que apoia o "Know Your Customer (KYC)", o processo através do qual uma empresa identifica e verifica as identidades dos seus clientes.

Seguros

A aplicação da cadeia de blocos aos seguros faz-se através de contratos inteligentes. Estes contratos permitem aos clientes e às seguradoras gerir os sinistros de forma transparente e segura. Todos os contratos e sinistros podem ser registados na cadeia de blocos e validados pela rede, o que eliminaria os sinistros inválidos, uma vez que a cadeia de blocos rejeitaria vários sinistros relativos ao mesmo acidente. Por exemplo, a openIDL, uma rede criada na IBM Blockchain Platform com a Associação Americana de Serviços de Seguros, está a automatizar os relatórios regulamentares dos seguros e a simplificar os requisitos de conformidade.

Transacções entre pares

Os serviços de pagamento P2P, como o Venmo, são cómodos, mas têm limites. Alguns serviços restringem as transacções com base na geografia. Outros cobram uma taxa pela sua utilização. Muitos são vulneráveis a piratas informáticos, o que não é muito apelativo para os clientes que estão a divulgar as suas informações financeiras pessoais. A tecnologia Blockchain, com todos os seus benefícios acima mencionados, poderia resolver estes obstáculos.

Aplicações da cadeia de blocos nas empresas

Gestão da cadeia de abastecimento

O livro-razão imutável da Blockchain torna-a adequada para tarefas como o rastreio em tempo real de mercadorias à medida que estas se deslocam e mudam de mãos ao longo da cadeia de abastecimento. A utilização de uma cadeia de blocos abre várias opções para as empresas que transportam estas mercadorias. As entradas numa cadeia de blocos podem ser utilizadas para colocar eventos em fila de espera numa cadeia de abastecimento - atribuindo mercadorias recém-chegadas a um porto a diferentes contentores de transporte, por exemplo. A cadeia de blocos proporciona um meio novo e dinâmico de organizar os dados de rastreio e de os utilizar.

Cuidados de saúde

Os dados de saúde adequados para a cadeia de blocos incluem informações gerais como a idade, o sexo e, potencialmente, dados básicos do historial médico, como o historial de imunização ou os sinais vitais. Estas informações não são capazes de identificar especificamente qualquer paciente em particular, o que permite que sejam armazenadas numa cadeia de blocos partilhada que pode ser acedida por vários indivíduos sem preocupações de privacidade indevidas. A cadeia de blocos pode ligar os dispositivos médicos ao registo do doente. Os dispositivos poderão armazenar os dados gerados numa cadeia de blocos de cuidados de saúde e anexá-los aos registos médicos pessoais.

Imóveis

Em média, um proprietário vende a sua casa a cada cinco ou sete anos, e uma pessoa comum muda-se quase 12 vezes durante a sua vida. Com um movimento tão frequente, a cadeia de blocos poderia certamente ser útil no mercado imobiliário. Aceleraria a venda de casas ao verificar rapidamente as finanças, reduziria a fraude graças à sua encriptação e ofereceria transparência ao longo de todo o processo de compra e venda.

Media

As empresas de comunicação social já começaram a adotar a tecnologia de cadeia de blocos para eliminar fraudes, reduzir custos e até proteger os direitos de propriedade intelectual (PI) dos conteúdos - como os registos musicais. De acordo com a MarketWatch, estima-se que o mercado global de blockchain em mídia e entretenimento atinja US $ 1.54 bilhão em 2024. Eluvio, Inc. Lançado formalmente em 2019, o Eluvio Content Fabric usa a tecnologia blockchain para permitir que os produtores de conteúdo gerenciem e distribuam vídeo premium para consumidores e parceiros de negócios sem redes de distribuição de conteúdo.

Energia

De acordo com a PWC, a tecnologia Blockchain pode ser utilizada para executar transacções de fornecimento de energia, mas também para fornecer a base para processos de medição, faturação e compensação. Outras aplicações potenciais incluem a documentação da propriedade, a gestão de activos, as garantias de origem, as licenças de emissão e os certificados de energias renováveis.

Quadro 5.1 Cadeia de blocos na energia

Áreas	Utilização da cadeia de blocos	Benefícios
Comércio de energia	Gestão de transacções	Intercâmbio em tempo real e entre pares
Energia inteligente	Gestão da IoT, gestão de recursos	Gestão segura de activos
Proteção do sistema (SCADA)	Proteção de dados e serviços	Tolerância à intrusão

5.2 Aplicações de cadeias de blocos na administração pública - Casos de utilização na administração pública

Gestão de registos

As administrações nacionais, estatais e locais são responsáveis pela manutenção de registos individuais, tais como datas de nascimento e morte, estado civil ou transferências de propriedade. Tradicionalmente, alguns destes registos só existem em papel. E, por vezes, os cidadãos têm de se deslocar fisicamente aos serviços públicos locais para efetuar alterações, o que consome muito tempo, é desnecessário e frustrante. A tecnologia Blockchain poderia simplificar a manutenção destes registos e tornar os dados muito mais seguros.

Gestão da identidade

Os defensores da tecnologia de cadeia de blocos para a gestão da identidade afirmam que, com informação suficiente na cadeia de blocos, as pessoas só precisariam de fornecer o mínimo necessário (data de nascimento, por exemplo) para provar a sua identidade.

Votação

A tecnologia blockchain tem a capacidade de tornar o processo de votação mais facilmente acessível, ao mesmo tempo que melhora a segurança. Os piratas informáticos não seriam páreo para a tecnologia blockchain, porque mesmo que alguém acedesse ao terminal, não seria capaz de afetar outros nós. Cada voto seria atribuído a um ID e, como a capacidade de criar um ID falso é impossível, os funcionários do governo poderiam registar os votos de forma mais eficiente e eficaz.

Impostos

A tecnologia de cadeias de blocos pode tornar o complicado processo de declaração de impostos, que é propenso a erros humanos, muito mais eficiente com informações suficientes armazenadas na cadeia de blocos.

Agências sem fins lucrativos

A cadeia de blocos poderá resolver os problemas anti-trust que as instituições de solidariedade social enfrentam cada vez mais através de uma maior transparência. A tecnologia tem a capacidade de mostrar aos doadores que as associações sem fins lucrativos estão, de facto, a utilizar o seu dinheiro como previsto. A tecnologia de cadeia de blocos pode ajudar as associações sem fins lucrativos a tributar esses fundos de forma mais eficiente, a gerir melhor os seus recursos e a melhorar as suas capacidades de controlo.

Controlo da conformidade/regulamentação

A maior parte da supervisão regulamentar decorre da manutenção de registos, mas as consequências da não manutenção de registos são indiscutivelmente muito piores. Assim, a conformidade não é negociável para as empresas. A Blockchain pode disponibilizar actualizações de registos aos reguladores e às empresas em tempo real, reduzindo os atrasos e permitindo que os sinais de alerta e as inconsistências sejam detectados mais cedo.

Aplicações da cadeia de blocos noutros sectores

Gestão financeira e contabilidade

Se a cadeia de blocos é realmente tão segura como tem demonstrado ser nos últimos anos, então essa segurança impenetrável seria tentadora para os clientes preocupados com a fraude financeira.

Gestão de registos

Tal como referido anteriormente, a encriptação que é central à cadeia de blocos torna-a bastante útil para a gestão de registos, uma vez que evita duplicações, entradas fraudulentas e afins.

Cibersegurança

A maior vantagem da cadeia de blocos na cibersegurança é o facto de eliminar o risco de um único ponto de falha. A tecnologia de cadeia de blocos também proporciona encriptação e privacidade de ponta a ponta.

Grandes volumes de dados

A natureza imutável da cadeia de blocos e o facto de todos os computadores da rede estarem continuamente a verificar as informações nela armazenadas fazem da cadeia de blocos uma excelente ferramenta para armazenar grandes volumes de dados.

Armazenamento de dados

Os mesmos princípios dos grandes volumes de dados aplicam-se também ao armazenamento de dados.

IoT

A cadeia de blocos está preparada para transformar as práticas numa série de sectores da IoT, incluindo:

A cadeia de abastecimento: Seguir a localização dos bens à medida que são expedidos e garantir que se mantêm dentro das condições especificadas. Seguimento de activos: Monitorização de activos e máquinas para registar a atividade e a produção como alternativa às soluções na nuvem. Apesar destas áreas-chave onde a blockchain pode ser alavancada, a tecnologia na IoT ainda está dependente de startups. De facto, apenas 17% dos inquiridos no inquérito da Business Insider Intelligence aos fornecedores de IoT pensam que a cadeia de blocos se tornará um padrão universal na IoT.

Viagens e mobilidade

Fabrico de automóveis

O registo de activos físicos - como peças de automóveis - numa cadeia de blocos é um excelente exemplo de como a tecnologia pode ser útil para controlar a propriedade com um sistema à prova de adulteração, neutro e resiliente. Os registos em papel estão sujeitos a falsificação e/ou degradação física, as bases de dados centralizadas podem estar sujeitas a pirataria informática, erro humano e/ou adulteração, Solução: as cadeias de blocos são imutáveis e não têm uma única entidade a controlar o livro-razão.

Aluguer e venda de automóveis

A experiência de aluguer, compra ou venda de um veículo é um processo notoriamente fragmentado para as partes interessadas em todos os lados de uma transação, mas a cadeia de blocos pode mudar isso.

Transporte de passageiros

As aplicações de transporte de passageiros, como a Uber e a Lyft, representam o oposto da descentralização, uma vez que funcionam essencialmente como centros de expedição e utilizam algoritmos para controlar as suas frotas de condutores (e ditar o que cobram). A Blockchain poderia injetar novas opções nessa dinâmica: com um livro-razão distribuído, os condutores e os passageiros poderiam criar um mercado mais orientado para o utilizador e para o valor.

Camionagem

Os activos que podem ser rastreados e registados utilizando a cadeia de blocos não são apenas transacções digitais - incluem também itens físicos, como camiões de transporte. A cadeia de blocos pode melhorar as transacções, o seguimento de envios e a gestão de frotas, bem como proteger os activos e aumentar a eficiência da frota. Pode ajudar a rastrear a contaminação de alimentos, por exemplo, rastreando um camião que transporta ingredientes e observando se as condições de armazenamento seguro foram mantidas durante quaisquer atrasos.

Aeroespacial e defesa

De acordo com a Accenture, 61% das empresas aeroespaciais e de defesa estão a trabalhar com soluções de cadeia de blocos ou de livro-razão distribuído. A tecnologia Blockchain tem o potencial de simplificar o inventário e a autenticação de peças, o controlo da certificação do pessoal e muito mais.

Viagens aéreas

Pense nos dados necessários para reservar um voo: nomes, aniversários, números de cartão de crédito, dados de imigração, destinos e, por vezes, até informações sobre hotéis ou carros de aluguer, dependendo da forma como os voos são reservados. Transformar um bilhete material num token digital proporciona uma nova camada de segurança. A utilização de um contrato inteligente como parte do token do bilhete pode ajudar as companhias aéreas a controlar a venda e a utilização de bilhetes para proporcionar experiências verificadas aos clientes. Também pode ser utilizado para criar registos mais precisos da manutenção de aeronaves, evitar o overbooking e muito mais.

Hospitalidade

As grandes cadeias hoteleiras perdem 10% a 15% das suas receitas totais sob a forma de comissões pagas a serviços de reserva de terceiros. As pequenas cadeias e os hotéis independentes pagam ainda mais - entre 18% e 22% das suas receitas - a serviços de terceiros. A tecnologia blockchain pode ajudar a eliminar os intermediários, incentivando a interação direta entre o fornecedor e o consumidor e reduzindo os custos. A plataforma baseada em blockchain Winding Tree tem trabalhado com hotéis, companhias aéreas e gabinetes de turismo para fornecer um "mercado de viagens B2B descentralizado e de código aberto".

Infra-estruturas

IoT industrial

Várias empresas estão a utilizar a tecnologia de cadeia de blocos para permitir que qualquer dispositivo se ligue, interaja e transaccione de forma segura, independentemente de uma autoridade central.

Impressão 3D

A impressão 3D e o "fabrico aditivo" (ou seja, a construção de objectos 3D através da adição de camadas sobre camadas de material) são processos altamente tecnológicos, em que os ficheiros digitais envolvidos podem ser facilmente transmitidos com um simples clique do rato. Consequentemente, as peças e os produtos são mais fáceis de partilhar e rastrear - conduzindo a redes e cadeias de abastecimento digitais mais inteligentes.

Construção, arquitetura e construção

Um ecossistema baseado em cadeias de blocos poderia ajudar a resolver este desafio, tornando mais simples para os empreiteiros gerais verificar as identidades e acompanhar o progresso de várias equipas.

Imobiliário

As aplicações de blockchain para o sector imobiliário podem ajudar a registar, acompanhar e transferir títulos de propriedade, escrituras de propriedade, penhoras e muito mais, e podem ajudar a garantir que todos os documentos são exactos e verificáveis.

Cuidados de saúde

Intercâmbios de informações sobre saúde

Os sistemas de registo de dados electrónicos que devem ser abordados por qualquer solução de cadeia de blocos: governação, interoperabilidade, privacidade, escalabilidade e segurança. As instituições de saúde sofrem com a incapacidade de partilhar dados de forma segura entre plataformas. Uma melhor colaboração de dados entre os prestadores poderá, em última análise, significar diagnósticos mais precisos, tratamentos mais eficazes e cuidados mais económicos. A utilização da tecnologia de cadeias de blocos poderá permitir que os hospitais, os pagadores e outras partes na cadeia de valor dos cuidados de saúde partilhem o acesso às suas redes sem comprometer a segurança e a integridade dos dados.

As caraterísticas da cadeia de blocos para satisfazer essas necessidades incluem a imutabilidade, a criptografia, a distribuição, a descentralização, a transparência, a auditabilidade e o não-repúdio

Farmacêutica

A cadeia de blocos pode também garantir uma produção de medicamentos mais segura. Se forem cometidos erros, estes podem ser detectados e rastreados até à fonte. Isto ajuda a evitar recolhas ou, pelo menos, permite que os fabricantes contactem rapidamente os retalhistas para diminuir o impacto dos medicamentos não seguros na saúde dos doentes e nas finanças das empresas.

Agricultura e minas

Culturas e agricultura

Um sistema de blockchain descentralizado poderia melhorar as transacções, as expansões de mercado e a logística específica de produtos em toda a cadeia de abastecimento agrícola.

Criação de animais

A tecnologia blockchain está a ajudar a melhorar a segurança alimentar, a rastreabilidade e a sustentabilidade na criação de animais - a reprodução e criação de gado.

Pesca

Entre 20-30% do peixe vendido nos EUA é capturado ilegalmente. A pesca é também uma das maiores indústrias do mundo que utiliza trabalho forçado, de acordo com o Wall Street Journal. Os sistemas baseados em cadeias de blocos podem ajudar a tornar a indústria mais sustentável, amiga do ambiente e compatível com a lei.

Exploração florestal e madeira

rastrear a madeira e as fibras de madeira desde a floresta até ao consumidor". A iniciativa tem por objetivo promover a confiança no comércio internacional de madeira serrada e dar transparência às origens da madeira importada.

Tabela 5.2. Casos de utilização de cadeias de blocos adoptados pelos governos e o foco de Aplicações de cadeias de blocos

Casos de utilização	Países representativos	Foco
Medicina e saúde	China, Estados Unidos, Suíça, Filipinas, Japão, Brasil, etc.	Cadeia de abastecimento, Internet das coisas, etc.
Aplicações financeiras	(Quase) todos	Criptomoedas, gestão de activos, etc.
Infra-estruturas críticas	Coreia do Sul	Gestão de activos, otimização, etc.
Cidade da cadeia de blocos	Malásia	Criptomoeda, gestão de dados
Gestão de activos	Geórgia, Suécia, Suíça	Registo predial, transacções imobiliárias, etc.
Educação	Japão, Malta	Gestão de certificados
Gestão de dados	Filipinas, Austrália	Gestão de dados na nuvem

Governo dos EUA

O departamento de Saúde e Serviços Humanos (HHS) desenvolveu uma aplicação denominada ***Accelerate*** para a gestão da faturação de contratos que utiliza a cadeia de blocos, a IA, o ML e a automatização de processos. O Departamento de Controlo e Prevenção de Doenças (CDC) está a considerar a possibilidade de utilizar a cadeia de blocos para ajudar a rastrear surtos de saúde pública, como a hepatite A, utilizando a cadeia de blocos para rastrear a COVID-19.

Governos asiáticos

Em 2019, o governo filipino aprovou a adoção de uma solução baseada no Ethereum para que cerca de 80 bancos rurais tenham acesso a serviços financeiros. A motivar o esforço está o facto de apenas 42% dos filipinos com 15 anos ou mais terem uma conta bancária devido a uma combinação de fatores. O conceito de *cidade de cadeias de blocos* foi utilizado e posto em prática na cidade de Melaka Straits, na Malásia, uma cidade turística financiada pelo governo chinês. O projeto visa utilizar a cadeia de blocos para controlar os vistos turísticos, os passageiros, as bagagens e os serviços de reserva. A cidade irá também gerir o seu próprio token, a moeda DMI, para que os turistas possam trocar o seu dinheiro por moedas digitais para pagamento na cidade através dos seus telemóveis. O governo da Coreia do Sul anunciou um prémio de 4 mil milhões de won coreanos (cerca de 3,5 milhões de dólares) para a criação de uma central eléctrica virtual com base na tecnologia blockchain na cidade de Busan, a segunda cidade mais populosa do país.

Governos europeus

O programa Horizonte Europeu apoia projectos de cadeias de blocos em toda a União Europeia. Iniciativa luxemburguesa em 2017, centrada na criação de um quadro de governação da cadeia de blocos. O programa e-Estónia apoia múltiplas funcionalidades, como a identidade eletrónica, os cuidados de saúde electrónicos e a governação eletrónica. 98 % dos estónios apresentam declarações fiscais preenchidas em linha e 99 % dos seus dados de saúde são digitalizados e armazenados em cadeias de blocos. A Geórgia implementou a cadeia de blocos para o registo de títulos de propriedade e transacções imobiliárias conexas. A Suécia também criou uma aplicação baseada em cadeias de blocos para o registo predial e as transacções imobiliárias. O governo maltês concluiu recentemente o primeiro projeto-piloto nacional de uma cadeia de blocos para gerir credenciais académicas, como diplomas, certificados escolares e transcrições

Outros governos

Vários departamentos governamentais australianos importantes utilizam soluções de cadeia de blocos baseadas na nuvem, ou cadeia de blocos como serviço. O governo canadiano lançou recentemente um projeto-piloto para utilizar a cadeia de blocos na gestão de credenciais digitais, permitindo que os funcionários mantenham um registo permanente, próprio e seguro das suas credenciais digitais.

5.3 Prevenir a fraude e o roubo de dados

A tecnologia Blockchain é uma das melhores ferramentas de que dispomos atualmente para proteger os dados dos hackers, evitando potenciais fraudes e diminuindo a possibilidade de os dados serem roubados ou comprometidos. Para destruir ou corromper uma cadeia de blocos, um hacker teria de destruir os dados armazenados nos computadores de todos os utilizadores da rede global. Poderiam ser milhões de computadores, cada um deles armazenando uma cópia de alguns ou de todos os dados. A menos que o pirata informático conseguisse derrubar simultaneamente uma rede inteira (o que é quase impossível), os computadores não danificados, também conhecidos como "nós", continuariam a funcionar para verificar e manter o registo de todos os dados na rede. A impossibilidade de uma tarefa como derrubar uma cadeia inteira aumenta com o número de utilizadores de uma rede. As redes blockchain maiores, com mais utilizadores, têm um risco infinitamente menor de serem atacadas por hackers devido à complexidade necessária para penetrar numa rede deste tipo.

A Bitcoin também funciona com a tecnologia blockchain. Toda a cadeia de blocos é mantida numa enorme rede de computadores. Por isso, ninguém tem controlo sobre a história. Digamos que um utilizador aprende dados relacionados com as criptomoedas no Crypto Head, compra bitcoins e paga a outro utilizando bitcoins. O que é que acontece a seguir? Os computadores na blockchain do Bitcoin apressam-se a verificar a exatidão da transação. Este passo certifica tudo o que aconteceu na cadeia.

Assim, ninguém pode voltar atrás e alterar as coisas. Portanto, a cadeia de blocos não pode ser facilmente adulterada. Esta estrutura complexa confere à tecnologia de cadeia de blocos a capacidade de ser a forma mais segura de armazenar e partilhar informações online que descobrimos até agora. É por isso que os inovadores começaram a aplicar a tecnologia em diferentes sectores para evitar fraudes e aumentar a proteção dos dados. Para tornar as transacções Blockchain ainda mais seguras, os utilizadores podem beneficiar da tecnologia VPN para mascarar o seu endereço IP original e falsificar as suas localizações online. A melhor VPN para anonimato permite que os utilizadores protejam os seus dados para que terceiros não consigam rastrear as suas actividades online.

Como é que a Guardtime utiliza a tecnologia de cadeia de blocos para proteger os dados

A Guardtime já se tornou bem-sucedida na utilização da tecnologia blockchain para manter dados importantes seguros. A empresa elimina a necessidade de usar chaves para verificação. Em vez disso, distribui cada dado por nós em todo o sistema. Se alguém tentar alterar os dados, o sistema analisa toda a massa de cadeias, compara-as com o pacote de metadados e, em seguida, exclui qualquer uma que não corresponda. Isto significa que a única maneira de apagar toda a cadeia de blocos é destruir cada um dos nós separados. Se apenas um nó continuar a funcionar com os dados corretos, todo o sistema pode ser restaurado, mesmo que todos os outros nós estejam comprometidos. O sistema do Guardtime funciona de tal forma que é sempre capaz de detetar quando uma alteração foi feita nos dados e está constantemente a verificar as alterações. Isto garante que não existe uma forma discreta de adulterar os blocos da cadeia e que os dados permanecem intactos.

Prevenir ataques de negação de serviço distribuído (DDoS)

O princípio subjacente aos ataques DDoS é simples, mas devastador. Os piratas informáticos podem utilizar várias técnicas para instigar um ataque, essencialmente enviando miríades de pedidos inúteis a um sítio Web, aumentando o tráfego até o sítio deixar de conseguir dar resposta aos pedidos. O ataque prossegue até o sítio ficar sobrecarregado de pedidos e crashar. Os ataques DDoS têm ocorrido com uma frequência cada vez maior nos últimos tempos, afectando grandes empresas como o Twitter, Spotify, SoundCloud, entre outras. A dificuldade atual em evitar ataques DDoS vem do Sistema de Nomes de Domínio (DNS) existente. O DNS é um mapeamento um-para-um parcialmente descentralizado de endereços IP para nomes de domínio e funciona como uma lista telefónica para a Internet. Este sistema é responsável pela resolução de nomes de domínio legíveis por humanos (como steelkiwi.com) em endereços IP legíveis por máquinas (compostos por números). O facto de ser apenas parcialmente descentralizado significa que continua a ser vulnerável aos piratas informáticos, uma vez que estes são capazes de atacar a parte centralizada do DNS (a que armazena a maior parte dos dados) e continuar a destruir um sítio Web após outro.

5.4 Cadeia de blocos na defesa

A cadeia de blocos seria particularmente útil no domínio da defesa. A estrutura distribuída da cadeia de blocos garante a sua disponibilidade. A sua resiliência, segurança e imutabilidade são particularmente úteis para armazenar os dados e constituem um forte trunfo para muitas aplicações militares. Espera-se que a comunidade de investigação no domínio da defesa procure novas aplicações para as forças armadas com base na tecnologia de cadeia de blocos, com áreas candidatas predominantes como a ciberdefesa, mensagens seguras, comunicações resilientes, apoio logístico e a ligação em rede da Internet das Coisas da defesa". A tecnologia Blockchain tem muitas utilidades no sector da defesa, uma vez que pode ser utilizada tanto em funções operacionais como de apoio.

Tecnicamente, no domínio da defesa, parece que a cadeia de blocos privada seria a mais útil. Com uma cadeia de blocos pública, o acesso à cadeia não seria controlado, o que poderia ser perigoso para proteger informações sensíveis. Uma vez que as cadeias de blocos privadas se caracterizam por barreiras à entrada, com uma administração encarregada de aceitar os participantes e de definir as regras das cadeias (permissões de leitura e de escrita), são as mais adequadas para utilizações no domínio da defesa. O acesso e as regras do sistema podem ser controlados por uma entidade: o Chefe do Exército. Num contexto de governação inter-serviços, seria também possível uma cadeia de blocos híbrida. Ciberdefesa e integridade dos dados As múltiplas vantagens da cadeia de blocos fazem dela um poderoso instrumento de prevenção contra os ciberataques e explicam por que razão esta tecnologia é útil em vários domínios ligados à ciberdefesa.

Em 2017, a Coreia do Norte roubou 235 GB de informações confidenciais pertencentes aos serviços secretos sul-coreanos e americanos. No mesmo ano, a Comissão Europeia declarou que "houve mais de 4.000 ataques de ransomware por dia e 80% das empresas europeias sofreram pelo menos um incidente de cibersegurança. O impacto económico da cibercriminalidade quintuplicou só nos últimos quatro anos" (Comissão Europeia, Estado da União, 2017). O governo federal dos EUA foi alvo de mais de 60 000 ciberataques, nomeadamente no sector da energia, que se tornou vulnerável devido à sua conetividade e dependência da tecnologia informática (Mire, 2018). O armazenamento de grandes quantidades de informações altamente sensíveis no mesmo local é particularmente arriscado.

Pode conduzir ao "terabyte da morte", uma expressão utilizada para descrever o roubo de informações classificadas em massa por actores estrangeiros. Neste contexto, a resiliência oferecida pela cadeia de blocos, com a sua natureza distribuída e a sua capacidade de detetar e bloquear qualquer tentativa de penetração, pode ser significativamente útil. No campo de batalha, os soldados precisam de ter a certeza de que as ordens e informações que recebem são válidas e exactas. Uma entidade centralizada responsável pela comunicação digital é mais vulnerável a ataques que podem resultar na interceção ou alteração da comunicação. Além disso, se uma parte de uma rede for afetada, a integridade do sistema não é prometida e toda a rede pode entrar em colapso. Mais uma vez, o blockchain surge como uma solução para este desafio.

Ao partilhar dados horizontalmente, democratiza o espaço de batalha e estabelece um ambiente seguro em que a falha de um nó não implica a falha dos outros. No que respeita aos sistemas de armamento críticos, o armamento tradicional é cada vez mais combinado com a digitalização das forças armadas. Por exemplo, a Marinha dos EUA está a trabalhar para melhorar o antigo sistema de combate Aegis, utilizando a cadeia de blocos para proteger mais eficazmente o sistema centralizado de comando e controlo que liga os sensores às armas do sistema. Isto permitiria que a arma detetasse alvos e disparasse em menos de um milissegundo (Babones, 2018). Muitos intervenientes na indústria da defesa estão ansiosos por confiar na cadeia de blocos, que proporciona uma fonte de verdade única, partilhada e imutável. Como salienta um outro relatório 9 Blockchain in defence: a breakthrough? da Accenture (Schmidt, Gelle e Wheless, 2018), "dados inexactos, manipulados ou tendenciosos podem ter consequências adversas de grande alcance, tais como percepções comerciais corrompidas e decisões distorcidas". Isto explica por que razão, de acordo com o relatório, 86% das empresas aeroespaciais e de defesa na Europa e nos EUA planeiam integrar a tecnologia de cadeia de blocos até 2021.

5.5 Cadeia de blocos nos pagamentos de impostos

Na maioria dos países desenvolvidos, as questões relacionadas com os salários estão maioritariamente digitalizadas. No entanto, os sistemas de tributação dos salários têm uma falha significativa. Há muitas instituições governamentais envolvidas e cada uma possui o seu próprio registo. O problema é a duplicação de dados.

Ao incorporar contratos inteligentes que automatizam totalmente o processo, o que pode ser feito nas seguintes etapas:

1. O empregador insere o montante bruto do salário no sistema,
2. No sistema Blockchain (limitado apenas à administração fiscal, aos bancos e às outras partes necessárias), os dados fiscais são comparados com o pagamento através da tecnologia de contrato inteligente e calcula os montantes corretos de impostos e segurança social,
3. O salário líquido é automaticamente transferido para a conta do trabalhador e o imposto calculado para o governo,
4. Consequentemente, o processo de tributação dos salários é mais rápido e menos oneroso e o fluxo de caixa é mais eficiente.

Problemas no IVA

O IVA é o principal fator impulsionador das administrações fiscais e a maior contribuição para os orçamentos governamentais. As autoridades fiscais procuram formas de cobrar o IVA mais eficazmente, a fim de obter mais receitas e reduzir o défice orçamental. calcular corretamente o montante do IVA devido e apresentá-lo às autoridades fiscais, o que constitui um encargo especialmente para as PME. Num contexto internacional, o controlo dos dados relativos ao IVA é problemático, uma vez que cada país mantém os seus próprios registos, o que dificulta a obtenção de dados completos sobre os movimentos do IVA.

Como pode a cadeia de blocos beneficiar as transacções quotidianas de IVA?

Benefícios:

a) A carga administrativa das empresas é significativamente reduzida, poupando tempo e o custo dos serviços de contabilidade,
b) Todas as transacções são efectuadas em tempo real,
c) Todas as transacções executadas por contratos inteligentes são invioláveis e transparentes,
d) Redução do risco de fraude e de erros,
e) Visão imediata das finanças de uma empresa,
f) Alta velocidade de transferência de dinheiro entre as empresas e o governo,
g) Os contribuintes deixam de ter de calcular o montante do IVA ao nível da fatura e o montante do IVA devido ao nível da declaração de imposto,
h) A margem para fraudes ao IVA é drasticamente reduzida porque o mesmo sistema que permite o processamento do IVA do ponto de vista transacional permite, ao mesmo tempo, controlos e verificações multidimensionais da transação, das partes nas transacções e do contexto jurídico e comercial da transação.

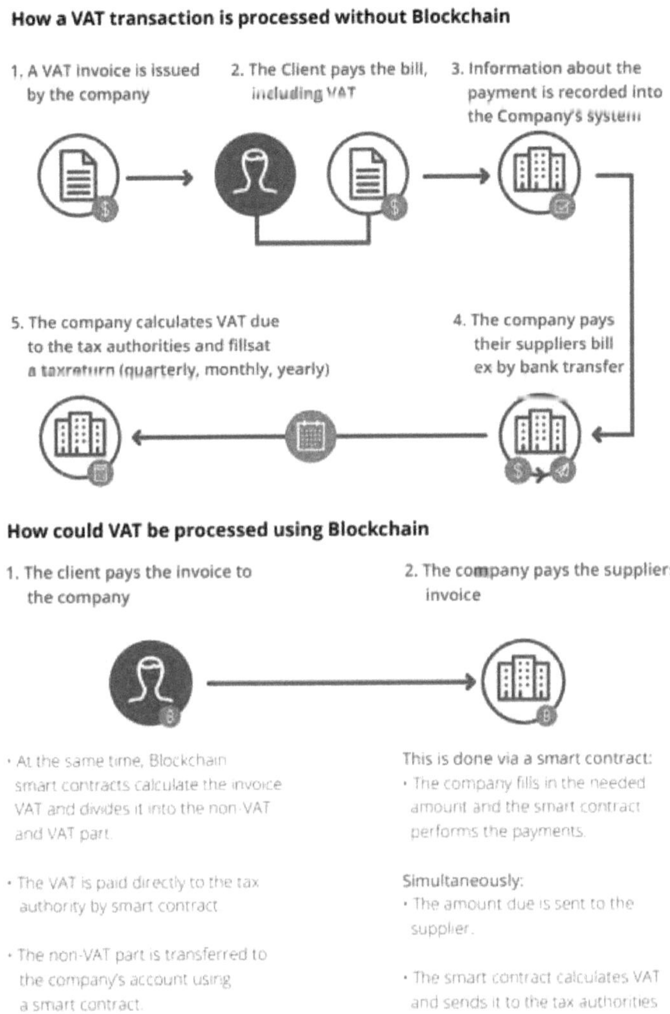

Figura 5.1 Blockchain no pagamento de impostos

MIX
Papier aus verantwortungsvollen Quellen
Paper from responsible sources
FSC® C105338

Printed by Books on Demand GmbH, Norderstedt / Germany